Dat löppt sik allns trech

Vergnöögte Dööntjes op plattdüütsch vertellt

Grete Hoops

Dat löppt sik allns trech

Vergnöögte Dööntjes op plattdüütsch vertellt

ISENSEE VERLAG
OLDENBURG

Titelbild:
Das Elternhaus von Grete Hoops in Ostertimke.
Gemalt von Heinz Stüwe, Zeven

Bibliografische Information Der Deutschen Bibliothek

Die Deutsche Bibliothek verzeichnet diese Publikation in der Deutschen Nationalbibliografie; detaillierte bibliografische Daten sind im Internet über <http://dnd.ddb.de> abrufbar.

ISBN 3-89995-358-4
ISBN 978-3-89995-358-9

Gedruckt bei Isensee in Oldenburg

Inhaltsverzeichnis

Arbeit is Arbeit un Zirkus is Zirkus

Dat is een Belevnis, endlich mal wat anners. Dor sünd Zirkuslüüd in'n Dörp! Middags treckt een von de Zirkuslüüd een Pony de Straten langs, un so'n litten witten Hund löppt dat Peerd jümmer twüschen de korten Been dör. De junge Kerl, de dat Peerd an'n Tögel het, de röppt dör een Megaphon:

> „Morgen Abend um neunzehn Uhr findet eine große Zirkusvorstellung im Zelt auf dem Dorfplatz statt. Alt und Jung sind herzlich eingeladen. Versäumen Sie es nicht: morgen Abend pünktlich um neunzehn Uhr. Sie sehen Sensationen, kommen Sie, staunen Sie!"

So geiht he dör dat ganse Dörp un röppt jümmer woller sien eenunsülbigen Wöör, nüms kann dat öberhöörn.

De littje Eva-Maria höört em andächtig to, dor will se hin, dat will se mitbeleven. Aber dor is man een Hinnerhult, dat is jüst Kartuffelopsökerstiet. Eva-Marias Vadder is de grüttste Buur in'n Dörp un het de meisten Kartuffelfelder. Jeden Namiddag geiht dat mit Sack un Pack oppen Acker ton Kartuffelopsöken. För de langen Stücken kaamt nu noch jeden Dag Hülpslüüd dorto, anners is dat nich to schaffen. De Kinner werd uck mit anspannt, un dor höört uck de ülbenjährige Dochder Eva-Maria to. Weil de Jüngsten de flinksten Been hebbt, mööt de lopen un de Kartuffeln finnen, de de Roder to wiet afwass smeten het. Disse Arbeit duurt bit 's abends Klock süss, denn ward eers Fierabend maakt. Bit se denn von'n Acker rünner sünd, sik den swarten Sand von Hannen un Fööt wuschen un uck dat Eten to Lief hebbt, dennso is de Klock wiet na Söben un to laat, üm den Zirkus to sehn.
„Dat wör doch schannewert, dat man denn wegen de poor dreckigen Kartuffeln disse Sensation versümen dä. Wenn een Stunnen ehrder Fierabend maakt wör, dennso wör allns in'n Lot", so dinkt Eva-Maria dor luut öber na.

De Deern fangt also bi ehrn Vadder an to bedeln, dat he doch all Klock fief de Lüüd na Huus schicken schull, aber dor bitt se op Granit. De ole Buur seggt bloß: „Dor ward nix von, dat is jümmer so ween un dat blifft uck so: Klock süss is Fierabend un keen Ogenblick ehrder, Arbeit is Arbeit un Fierabend is Fierabend.“

Dor nützen nu weder gode Wöör noch Puchen un Drammen.

„Dennso is dat Klock acht uck noch froh noog. Worüm fangt de denn all Klock söben mit dat Gedudel an, de wüllt woll uck geern fröh Fierabend maken?“

„Nä, Vadder, de Schoolmester het dat so vörslaan, dat wi Kinner dat uck sehn schulln, denn de Vörstellung duurt twee Stunnen bit Klock negen, un dat güng noch jüst, het he meent,“ so verteidigt de Deern ehrn Vörslaag.

„Deern, dat muss di marken, allns wat schitt un flüggt, bruukt man nich to sehn, dat muss du lehrn, dat kummt in’n Leben noch faken vör.“

„Aber Vadder, viellich müchen us Hülpslüüd uck geern mal Zirkus sehn?“

„He wat, de wüllt sik geern dat ganse Daglohn verdenen, bloß d a t is för jüm wichtig, un nu wees still, dat is mien letzte Woort doröber!“

De Deern gifft sik dormit nich tofreer, se will dat noch nich so hinnehmen as de Hund ’n Stück Brot. In’n Stillen dinkt se:

„De Daglöhners harn bestimmt nix dorgegen, wenn se beides mitnehmen kunnen: dat Gild un den Abend in’n Zirkus.“

Se seggt luut to sik sülben: „Arbeit is Arbeit un Zirkus is Zirkus“, un so sinnt se op een List, un de Deern, de anners jümmer soveel Grappen in’n Kopp het, de fallt uck hierto wat in.

Middags, wenn Vadder inne Dönz op’n Sofa sien Pause maakt, dennso will se sik rinslieken un sien Klock, de he ut de Westentasch nahmen un noppen Disch leggt het, denn üm een ganse Stunnen vördreihn. Un disse Plan geiht uck op. As Vadder ganz luut ant Snurken is un jüst bi is un den dicksten Boom dörsaagt, do dreiht Eva-Maria sien Klock fix een Stunnen wie-

ter. He het jo woll nix höört – oder doch? Nä, he is noch ganz luut an'n Snurken. Bit sowiet her, het dat goot klappt. Wenn de Klock anne Wand baben dat Sofa twee Slääg sleit, dennso is Vadder sien Middagsrauh to End.

So geiht allns sien gewohnten Gang wie jeden Dag wieter. As Vadder na dat Fild kummt, do het he glieks Kaffee un opgesmeerte Brote mitbröcht; Mudder packt jümmer goot wat in. Na Kaffeetiet geiht dat helleweg wieter jümmer mit'n Roder rundrüm. Eva-Maria hülpt uck düchdig mit un is ganz flink un vergnöögt dorbi. Vadder maakt sik uck allerwärts nützlich, hülpt hier un dor mal'n beten un schütt uck mal de sworen, vullen Körv ut. As de Klock op'n Karkturn fief Släg deit, do is he jüst bi Eva-Maria ehr Deil to gangen.
„Vadder, de Klock het slaan, hest nich höört?"
„Ja, heff ik höört, fief Slääg!"
„Nä, ik meen, ik har süss Slääg höört!"
„Dat will ik dr för weten", seggt de Vadder un langt de Uhr ut de Westentasch un kickt dor ganz niev rop.
„Wahraftig, de Klock is all süss, Fierabend, hebbt ji dat al höört, dat is Fierabend! Dausendweg, de Stunnen sünd aber flink hingahn."
De meisten Lüüd hebbt sik wunnert, aber de jungen, de Eva-Maria kennen dän, de kunnen sik dinken, wie dat lopen wör. Eers to Hus schimp de Buur op sien Klock, wo keen Verlaat mehr op wör, de müss woll mal von'n Fachmann nakeken weern.

Nu geev he de Daglöhners den vullen Lohn un babenin noch de Intrittskorten för den Zirkus. De Buur har för de Tiere masse Hau, Stroh, Habern un Röben spendeert un dorför Freekorten kregen.
In'n Stillen wör he ganz stolt op sien gewitzte Deern, de uck mit de Lüüd, de swoor arbeiden müssen, in Gelegenheit sehg un jüm wat günnen dä. He har ehr Spellwark maarkt un nich slapen op'n Sofa, har bloß so daan. He wüss, wie allns lopen wör, un he wüss noch een Deil:
„Disse Deern de kummt dör't Leben."

De annere Brotsteer

Nä, Hannes mag dor nu nich mehr ween op Lachmannshoff in Poggenbüttel. Acht Johr het he hier deent, is hier gern ween un het uck masse Gild verdeent. Dor liggt dat nich an.
Von de Tiet an, as de ole Mudder na'n Karkhoff kamen is, mag he hier nich mehr ween. Nüms snackt noch mit em, al brummelt se bloß so vör sik hin. Dor ward nich mehr vertellt un lacht, de ole Vadder het dat verlehrt, un de junge Buur, disse Drömelack, söcht sik keen Froo, he wohrt bloß sien Arbeit.
Un ers dat Eten! Jeden Dag Kartuffeln un Sult oder Sult un Kartuffeln, dorto 'n Stück Speck inne Fuust, dat is em uck leed. Wenn doch mal een kööm un jüm wenigstens ton Sünndag Klüten backen dä!
Sien Tüüch mutt he sik uck sülbens waschen, dat kriggt he uck hin, bloß von dat Heelmaken, dor kann he nix von kriegen. Will he sik'n Knoop inne Büx neihn, dennso stickt he jümmer mit de Nadel bito oder stickt sik in'n Finger. De Knööp het he all mit'n Wiehrndraht faststeken, dat em de Büx man nicht wegfallt. Sien Strümp sünd uck bloß noch blangen de Löcker heel. Nä, dat is em leed, nu het he künnigt.
He packt sien Backsbeern tohoop, kriggt sien Gild ünner de Matratzen vörtüüch un tiert los, he will sik üm een annere Brotsteer bekümmern.
In'n Nabersdörp fragt he een junge Froo, ob se woll weet, wo eener söcht ward, de sik inne Landwirtschaft utkennt.
„Ja“, seggt de Froo, „hier twee Kilometer wieterhin, op den eenstelligen Hoff, dor is een Steer free, aber dor is wat bi vermaakt.“
„Och, wat kann dat veel ween“, wiest de Knech dat von sik, „wenn dor man een Froo op'n Hoff is, de koken un neihn un Strümp stoppen kann.“
„Dor mangelt dat nich an, aber ik will di wohrschonen: de Lüüd hebbt den Heben pacht, de sünd ganz fromm, dor gaht se ganz in op, du muss de Bibel in- un utwinnig künnen.“

„Dat wüllt wi woll hinkriegen, dor schallt nich an lingen“, freit sik nu de Knech.

Wat is dat doch goot ween, dat in sien Kamer oppe Bord twee Böker legen: de Bibel un dat Gesangbook; dat wör sien ganse Bibliothek. Toerst het he dor mal rinkeken, ut Neischierigkeit un üm dat Lesen nich to verlehrn, aber denn hebbt em de frommen Sprüche, de dor in stünnen, goot gefulln, un weil he een behüllern Kopp het, kunn he bald masse dorvon ut'n Kopp hersägen.

Nu nimmt he sien Been inne Hand un maakt, dat he man gau na dissen Hoff kummt.
He kickt dor öber de halben Döör rin, un dor is Oma togangen. De geiht em inne Mööt un freit sik, dat se Snackertüüch kriggt. He driggt nu sien Begehr vör, un de Oma bekickt em wat genauer, so von ünnen bit baben, weil he so to Steel steiht. In'n Kittel is keeneen Knoop mehr in, de Tasch is afreten un

mit'n Sicherheitsnadel faststeken. Een Dreeangel inne Manchesterbüx wiest ehr, wat dor ünner sitt, un achtere Hacken inne Strümp bleiht de Kartuffeln.
„Den harn se so bien Kohl stelln kunnt", dinkt Oma so bi sik. Dat markt Hannes, un he seggt gau:
„Der Mensch sieht, was vor Augen ist, der Herr aber sieht das Herz an."
Dat is Water op Oma ehr Möhl, un se röppt gau den jungen Buurn. Den kummt he goot to pass, un he meent:
"Wi sünd jüst dorbi den Habern to drillen, aber op dat natte Land dor is dat vör de Maschinen to week, dor mööt wi dat Korn mit de Hand so ut de Seihwannen streihn, kanns du dat uck?"
„Ja, wenn ik man gode Saat heff, denn will ick dat gern doon, denn was der Mensch sät, das wird er ernten."
„Aber kriggst du keen Rundhultallergie, wenn du een Bessen- oder Harkensteel anfaten schallst? Wenn dat in'n Sommer bi de Hauaarn so hit is, un wi denn op dat weke Wischland nich mit de Maihmaschin togangen kamen künnt un den gansen langen Dag meist jümmer mit Hark un Fork arbeiden mööt un düchdig sweet, wat maakst du denn?"
„Na, dat steiht doch inne Bibel: Im Schweiße deines Angesichts sollst du dein Brot essen."
Un denn het de Buur noch wat to bedinken, weil he sülvst noch ganz jung is, so fragt he em denn noch:
„Deist du denn uck jümmer, wat di heten ward un muckst nich op?"
„Aber gewiß doch", antert nu de Knech, „ik hol mi an den Psalmvers:
‚Denn so er spricht, so geschiehts, so er gebeut, so stehts da.'"
„Du gefallst mi", seggt de Buur, „Ik will mal eben mien Froo ropen, de is inne Köök".
De junge Froo is aber an dissen Vörmiddag gorne so rech ton Koken kamen, un se will weten, ob he woll klistern is oder ob he itt, wat op'n Disch kummt:

„Magst du woll Swattbrot?“
„Ja, dat is kernig un gesund, he wat, ik bün nich püttjerich, ik eet allns“, so antert Hannes ehr ganz ehrlich.
„Vondaag eet wi Swattbrot mit Dickmelk.“
Dor lacht de Knech: „Un noch Melk bi dat Brot dorbi, dat is wat wert, denn der Mensch lebt nicht vom Brot allein.“
Nu het Hannes gewunnen, de Buur seggt em de Steer bi jüm to, gifft em de Hand, un he dröfft foorns anfangen.
Hannes is so glücklich, he markt gorne, dat he luur dinkt, un sleit man so rut:
„Donner un Doria, dor hebb ik aber Dusel hat!“

De Namiddag mit Anna-Lena

Wat kummt Olaf sik doch een üm mit sien Karnickel, sien Ställ sünd al vull, un tokern Sünndag schüllt veer Ewen jungen.
He het dorüm een Anzeige in't Blatt opgeben, dat he twee Ewen aftogeben het un den Buck uck noch utdoon will, denn dor mutt mal'n annert Slag her. He mutt'n poor Ställ leddig kriegen, anners weet he denn bald narms mit de jungen Karnickel hin.
Dat het uck foorns goot klappt. Een Karnickelfründ het op de Handynummer anropen, dat he sik an dissen Sünnabend namiddags de Deerter mal besehn will.
Aber jüst an dissen Dag will Katja, sien Froo, mit ehr Kegelswestern na de Modenschau inne Kreisstadt hinföhrn. Dat is denn so'n besonnern Dag för de Froonslüüd, dor kleiht se sik bannig op un versöökt, dat se sülben as feine Modepoppen utseht. Olaf günnt sien Froo uck dit Vergnögen, wenn dor man nich wat bi vermaakt ween wör.

Olaf hult jo masse von sien littje Deern Anna-Lena, de jüst veer Moond op disse Eer lacht, weent, strampelt un rümkreiht. Weil he aber jeden Dag na Arbeit gahn mutt, dorüm is he Anna-Lena ehr Wies noch nich so gewinnt.
De Nabersdeern Anna, de all twölf Johr oolt is, de het all fakener för dat littje Wicht oppasst un ehr uck all in'n Wagen de Dörpsstraten op und dal schoben, wenn de Mudder mal'n beten Tiet för sik bruuk. Aber partu an dissen Dag het Anna ehrn Geigenünnerich un kann eers an'n laten Namiddag kamen.

„Na", meen denn Katja, „du as junge Vadder kanns dien ‚söte Popp', so as du ehr jümmer nömst, doch uck woll mal'n Reis dröögläggen, mit Pampers is dat doch eenfach, ik wies di dat."
„Dat lett sik allns maken, wenn ik dat man nich bruuk", so wör jümmer Olaf sien Snack.
Aber nu hebbt se den Plan doch so trechmaakt. De Deern is satt un dröög un slöppt, un nu schufft Katja den Kinnerwagen

nünnern Kasbeerboom in'n Schadden. Dor kann'n dat goot uthooln, dor is dat schön köhlig.

„Hier kanns du di man uck den Liegestohl herhooln un den Namiddag hier tobringen, denn inne Sünnen is dat vondaag so bröddig", so sleit Katja em dat vör. Se steiht in't Döörlock un maakt noch gau „Winke, Winke", denn de Kegelswestern staht all praat, un denn düüst se af.

Olaf haalt sik aber nich de Liege, denn he will blangenbi noch neit Teerpapp op den Kaninkenstall maken, de Deerden schüllt dat uck goot hemmen. Hier fangt he nu foorns an to basteln.
Aber de Mudder is noch keen halve Stunnen weg, do fangt dat littje Wicht an to blaarn. Olaf neiht foorns hin un stuckelt den Wagen ganz sachte, un denn lett dat so, as wenn ehr dat högen deit. Se stickt ehrn litten Wiesfinger in'n Mund, aber dat duurt nix, un denn bölkt se noch luter. Dat kann de junge Vadder nich mit anhöörn. He tütt den Wagen in sien Büro rin. Dor op'n Schrievdisch, dor handigt em dat op best, dor will he ehr dröögläggen. Och, wat is se natt, so kann se uck würklich nich slapen.
As de Littje dat natte Gedööns los is, do lacht se em an un fangt an to spaddeln, as wenn se dor Gild för kriggt. Wat haagt em dat, wat geiht de junge Vadder behötjert mit sienen litten Wüppsteert üm, dat he ehr man jo nich weh deit. He is jo een Baas von Kerl, het Hannen as Ballastschüffeln un stellt sik dor natürlich tämlich hülten mit an. He lett sik dor aber Tiet bi un kriggt dat denn doch trech, ehr in de Pampers intodreihn.
„Sühst woll Schütt", seggt he to sik sülvst, „het doch allns op't beste klappt."
De beiden nehmt nu woller Quartier ünnern Kasbeerboom, un de Vadder stuckelt den Wagen so langen, bit de Littje woller ruhig slöppt.

Olaf kann nu fliedig bi sien Karnickelstall wieter warkeln un masse beschicken. He will dor noch so wiet mit toschick kamen, bit dat Nageln los geiht; dat lett he denn na, denn luut schall dat dor buten nich weern.

Aber wat is dat? He lüstert. Weent de Littje all woller? - Nä, is doch woll nix ween, is allns still.

Dat de Karnickelköper aber uck gorne anropen deit, he het doch extra dat Finster von'n Büro open stahn laten, dat he dat Pingeln von sien Handy höörn kann. Het he dat amennen doch öberhöört? He will dat Ding man doch lever na buten haaln un blangen sik dal lägen. He find't aber keen Handy. Na, denn het sien Froo dat doch woll to Sicherheit in ehr Handtasch steken. Nu mutt denn de Karnickelköper mit Katja verhanneln. Aber denn will de denn doch woll lever an dat Telefon inne Dönz anbimmeln. Also mutt he uck dit Finster apen maken, dat he jo nix öberhöörn deit, denn de Deerten mutt he op jeden Fall los weern.

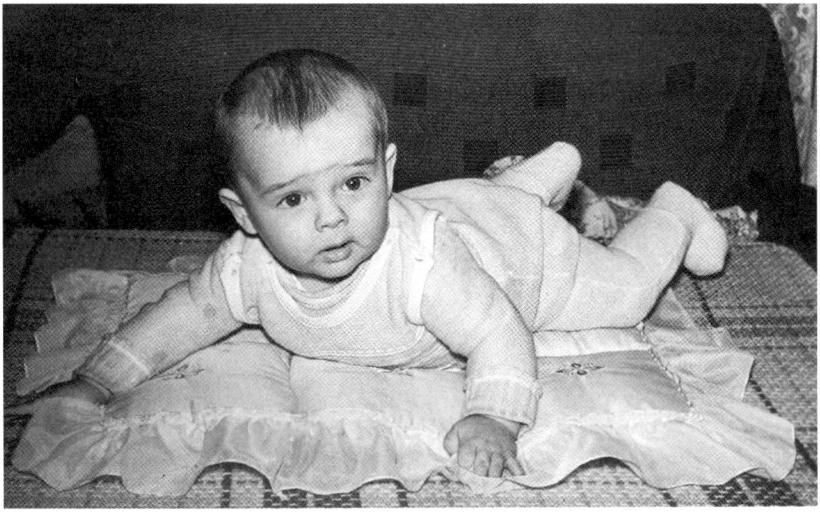

Nu blaart doch all woller dat littje Baby, dat kann aber doch nich all woller natt ween. Dat littje Ütz maarkt wollsachs doch, dat de Mudder op'n Swutsch is. He schüürt ehr gau dat Miegwater ut de Ogen un begöscht ehr'n beten, un denn slöppt se uck all woller.

Olaf geiht woller an sien Arbeit un miemelt sik een in'n Boort: „Dat schall mi mal verlangen, wonehr de Karnickelköper mit sien Middagsrauh fertig is. He het doch versproken, dat he anwecken will. He wull sik doch'n beten litt Veehtüüch anschaffen. Wat mag dor scheev lopen ween?"

Nu mill Anna-Lena sik uck all woller. De littje Deern maakt em Sorgen. Ob ehr wat weh deit?
As he aber sien schiedigen Hannen rein het un dorhin drebelt is, do slöppt se all woller. Dat Spellwark wollerholt sik noch'n poormal, alle Viddelstunnen blaart se so'n litten korten Zug, un denn slöppt se uck foorns woller, na, mööd is se wollsachs uck.

Wat is Olaf denn aber froh un erlöst, as Anna, de Nabersdeern, miteens dör de Goornporten kummt. Anna böört eerstmal dat littje Wicht ut den Wagen un nimmt dat op'n Arm. Wat is dat? Se föhlt wat Hartes. Wat is dat? Wat Veerkantiget? Wie kann dat angahn? Dat is een richtigt Handy! De Vadder het doch wahraftig dat Handy mit in de Windel dreiht, un Anna-Lena kunn bi dat Gepingel nicht slapen. Dat Handy fangt foorns an to bimmeln, un nu is dor natürlich de Karnickelköper an. He seggt, dat he doch geern kamen müch, üm de Deerter to hooln. Olaf fallt een Steen von'n Harten. Sicher kann he nu doch noch sien Veehtüüch verhökern. Ja, un Anna-Lena kann nu ganz in Ruhe wieterslapen.

Aber schall he dat priesgäben, wat em mallöört is? Schall he seggen, dat he bi dat ganse Döreenanner dat Handy mit de Pampers tohopen von'n Schrievtisch raakt har? Dat Anna-

Lena von de neie Technik nix verstünn un bloß mit Wenen antern kunn? Oder schull he dat allns verswiegen, weil he sik nix utlachen laten wull?
Nä, he will een ehrlichen Minschen blieben, denn wer de Wohrheit kennt un de nich seggt, de is slech. Dat gifft doch keenen oppe Wilt, den noch nie nich wat mallöört is.
Ja, un Anna-Lena mutt dat doch uck mal to weten kriegen. Wenn se dusend Weken old is, kann se sik bestimmt bannig doröber högen.

Op de Naberskopp

Dat sünd Nabersrechten un Naberspflichten, so heet een oolt plattdüütsch Sprickwort, un dat schull egentlich vondaag uck noch so gilln.
Dien Naber is ganz dicht bi, he hülpt di, wo un wonehr dat nödig deit, un du hülpst em uck jüstso. Dien Naber is dien beste Fründ, un dat mutt he uck blieven, nüms dröfft sik dortwüschen steken un Hunnensaat seihn.
To fröheren Tieden wörn uck de neetsten Narichten erst mal den Naber vertellt, dat he dat nich von anner Lüüd wies weern dä. Wör op de Naberskopp een litt Kind ankamen, dennso kregen de Nabers dat toerst to weten. Jüstso wör dat mit een Verlobung, Hochtiet oder wenn een krank wör oder wenn een dootbleven wör.

So passeer dat nu uck in Hollenbüttel. De över neengzigjährige Oma Gesche Rahmmaker har nu de Ogen tomaakt, de Naber Heini Lang kreeg Bescheed doröber, un he wull de annern Nabers rundüm dat uck weten laten, so har he de Angehörigen in dat Trouerhuus dat toseggt.
Ganz in swaart Tüüch maakt he sik nu op'n Weg, un he drüppt de ersten Naberslüüd noch bien Morgenkaffee an.
„Heini, sett di mit ran un drink'n littje Mundvull Kaffee mit us", so nödigt de em foorns an'n Disch.
Dat deit he gern, un he vertellt denn dorbi, dat Rahmmakers Oma nu uck to Ruh is. Noch bevör he wietergeiht, mutt he noch'n poor Sluck drinken, dat hört dorto.
Bi den tweten Naber drüppt he dat uck goot, de sünd woll bitiets opstahn un all bi dat tweete Fröhstück; de eet all Vesper, un dat gifft Bookwetenpannkoken. Nernen oppe Deel wör em all de feine Geruch inne Mööt kamen, un he seggt nich nä, as se em mit rannödigen dot, se bruukt em nich natoschünnen.
Nu vertellt he jüm uck von Rahmmakers Oma Gesche, dat se nu erlöst is un nich mehr langen op'n Bett lingen müsst het. As se em uck hier'n poor ut'n Buddel inschinkt, dat he den fetti-

gen Pannkoken beter verdrägen kann, dor dröfft he nich nä seggen.

Bi den drütten Naber is dat jüstso, 'n poor von den Swiemeldrank mutt he dör de Görgel jogen, he dröfft dat nich aflehnen, obschoons he all 'n beten kopplastig is.
Bi den veerten Naber sitt he wat länger, weil de Opa in'n Huus sik dat Been broken hett un mit sien Gipsbeen nich goot to Foot is. De freit sick nu, dat he Snackertüüch het, un de Köömbuddel kummt op'n Disch.
Aber as Heini Lang nu bi den letzten Naber ankummt un in sien knäterswarte Tüüch in't Döörlock steiht, dor weet de dor all Bescheed. De Beerklock het all lüürt, un do is Mieke, de Froo, dat all bien Höker wies worn.
Heini seggt nu sien Spruch op, dat he een trourige Saak to vertelln het:
„Dor ist jo - - dor is wat passeert, een is dootbleven, aber segg mal - - wer - - wer - - wer is dat ween, wer is dootbleven?"
„Ik kann di forthülpen", seggt Mieke nu, de all markt het, dat he to deep in't Glas keken het, „Rahmmakers Oma het dat drapen, de is inslapen."
„Richtig", seggt Heini Lang nu, "Sluck bruuk ik hier aber nich mehr to drinken, ik hebb jou nu nix Neets mehr vertellt."

Ulli sien Winkeltöög

Wat dinkt Heidi noch faken trüch an de Tiet, as se noch inne Stadt wohnt het un Dag för Dag von ’s morgens bit ’s abends na Arbeit gahn is. In’n Bäckerladen het se an’n fröhen Morgen al de leckern Saken verköfft. Mitünner is dat uck ganz hektisch togahn. Faken het se de Froonslüüd nakeken, de buten an’n Kiekfinster stünnen un denn mit so bannig veel Tiet inköpen kunnen. Jümmer is ehr dat een Trost ween, dat se een goden Dags uck ehr Gild leben un uck doon un laten kunn, wat se wull.
All langen har ehr Kerl Ulli för jüm beide in een litt Dörp so’n oolt Hüßelhuus köfft un so bilitten fein wohnlich trech boot.

De Tiet, dat se dor ehrn Ruhestand verbringen kunn, de kööm ehrder, as se dacht har. Heidi maakt nu Kortarbeit, siet de Tiet, as dor op Güntsiet vonne Straat een Brotfiliale apen maakt het un jüm bannig veel Arbeit afnahmen het. Se föhrt bloß noch een Dag inne Week na Stadt hin, üm Backworen to verköpen, un denn süht se ehr ole Kundschaft un freit sik. An jeden annern Dag is se een „gröne Witwe“ un mutt den gansen Dag in ehr smucke Huus op’n Dörpen alleen verbringen, denn Ulli kann noch’n littje Tiet sien Arbeit nagahn. Dat süht nu anners ut, as se sik dat dacht het, se het hier bald nix mehr ümtokehrn. Ehr Ulli föhrt fröh an’n Morgen los, un denn is se den langen Dag alleen.

De Dörpslüüd loopt ehr nich de Döör in, se kann eenfach nich mit jüm warm weern.
„Du muss den Anfang maken“, seggt Ulli to ehr, „du büs dat doch anworn, mit frömme Lüüd to snacken, hest bi de Arbeit doch jeden Dag nix anners dan.“
„Nu maak aber mal’n dicken Punkt, dat is ganz wat anners ween. Ik heff jüm al gern bedeent un dorbi uck snackt, bün jüm doch aber nich in’t Huus gahn. Schall ik dat nu op mien olen Daag noch anners lehrn?

„Ja, dat muss du, spring över dien Schadden un gah hin na dien neiten Nabers, frag, wie jüm dat geiht, dat is op'n Dörpen so. Giff dien Hart'n Gnux un besöök de Lüüd, de hier üm di to wohnt."

„Nä, laat mi gewährn, dor kann ik keen Schick an kriegen, dat do ik nich. De künnt jo na mi kamen. Aber wenn se mit mi nix to don hemmen wüllt, worüm schall ik achter jüm her steertstraken? Worüm schall ik mien Kopp bugen?" Nu is Heidi erst recht ballstürig.
Se dinkt aber mit Grugen an tokern Week, wenn se Geburtsdag het, dennso mutt se sik vörn Spiegel setten mit'n Glas Sekt un „Prost Heidi" seggen. Dat ward denn woll de trorigste Fierdag in ehrn Leben.

Aber as se an ehrn Geburtsdag 's morgens ut de Huusdöör kickt, do hangt doch wahraftig twee fein ingepackte Geschinkpakete anne Döör. Se ritt dor gau dat Geschinkpapier üm weg. Dor steiht nix bi, keen Gruß, bloß an dat een Paket dor is noch'n Rükebusch mit'n Slöpen mit inbunnen. Dat sünd jüst so'n gele Osterblomen, as in ehrn egen Goorn bleiht. Dat seggt aber nix, denn disse Blomen seht binah jümmer obereen ut. So steiht se dor nu ganz ratlos mit een Paket Kaffee un de Schachel Pralinen. Hier kann uck Ulli ehr nich wieterhülpen. Se freit sik aber, dor hebbt doch twee Lüüd an ehr dacht, de ehr lieden möögt un de ehr dat wiesen wüllt. Aber wokeen sünd dat ween? Se dinkt foorns an ehr Kollegen, nä, so fröh an'n Morgen föhrt de noch nich so wiet rut.
„Schulln dat viellich dien Nabers hier doon hemmen?", meent Ulli.
„Aber wi hebbt doch in Gansen veer Nabers, een blangen us un dree op Güntsiet, wer möögt dat daan hemmen? Ik kann doch nich fragen. Wenn de dat nich ween sünd, wat schüllt de denn von mi dinken."
„Hest uck woller recht, aber gornix doon, dat geiht uck nich, back man'n leckern Puttkoken, un denn laadt de veer Froons-

lüüd ton Kaffee in. Denn will sik dat woll rutstelln, wer dat so goot mit di meent het", so sleit Uli dat vör.
Na ja, wenn se ehr all nette Geschinke maakt, denn will se sik uck vonne besten Siet wiesen. Se backt een feinen Koken, un denn grippt se na'n Telefon un seggt alle veer Nabersfroons ton Kaffee Bescheed.
Keeneen het wat dorgegen, se freit sik bannig op dissen gemütlichen Namiddag. De Gäste sünd pünktlich, de Kaffee is hitt, un de Koken smeckt. Se föhlt sik wohl bi ehr inne Dönz un freit sik al mit, dat Heidi dat Huus so geschmackvull inricht het.

„Ja", seggt Heidi denn mitmal, „as ik vörmorgen ut de Huusdöör keek - - -"
„do schien de Sünn so warm, un do hest du dacht, dat is dat beste Weer, mal de Nabers intoladen", so fallt Dora, de Nabersfroo, ehr in't Woort.
„Aber blangenbi is dat uck noch so, ik bün vondaag een Johr üller worn", so vertellt Heidi jüm de Neeigkeit.
Nu doot doch wahraftig de Gäste so, as wenn se von nix wat af weet. Se wunnert sik bannig, verleert dor veel Wöörwark üm un smiet mit Glückwünsche man so üm sik.
„Na, denn man her mit'n Buddel, denn wüllt wi doch een op dien Gesundheit drinken", seggt nu Lena un Gesa wi ut een Mund.
Un Mariechen deit uck ganz öberrascht: „Harn wi dat weten, dann harn wi för di doch noch'n poor Blomen plückt."
„De bärt al so, as wenn se von nix wat af weet, dat sünd jo allerbeste Schauspelers", dinkt Heidi so in ehrn Sinn.
Se weet jümmer noch nich, wer ehr so mit Geschinke un Blomen bedacht het. Is uck liekeveel, dat Ies is nu braken. Den gansen Namiddag hebbt de Froonslüüd nu Gelegenheit, sik von binnen un von buten to besnüffeln, un bald is dat so, as wenn se sik all jümmer kennt hebbt. Se sitt noch al vergnöögt üm'n Disch, as Ulli na Huus kummt, de sik bannig dorto freit un jüm dat uck vertellt.

Al veer Nabers hebbt nu markt, dat Heidi goot in de Döörpsgemeenschaft passen deit, un se sünd sik doröber eenig, dat se ehr in ehrn Klöönnamiddag gern to Hülp hemmen müchen.

Un Ulli, disse Sleef, het sien ganse tietlebens nich vertellt, wer de Geschinke un de Blomen ut ehrn egen Goorn anne Döör hungen het. Disse Winkeltöög is Heidi nie wies worn.

An'n Rhein bi Zippelkoken un Federweißer

Jakob un Sanna sünd nu bald fiefuntwintig Johr miteenanner verheirat un künnt bald ehr silbern Hochtiet fiern. Dat Leben het jüm bither masse Arbeit bescheert, aber se sünd froh, dat se gesund sünd un noch so veel beschicken künnt. Jümehr Kinner sünd nu groot, hebbt all veel sehn un beleevt un sünd wiet rümreist inne Wiltgeschichte. An sik sülben hebbt de beiden, Jakob un Sanna, egentlich kuum mal dacht.

Aber nu pucht Sanna jümmer rüm un queest Jakob de Ohrn vull, dat se doch mal'n Silberhochtietsreis maken wulln. Ehr Fründin de har sik uck dörsett un wör mit ehrn Kerl sogor veerteihn Daag op Mallorca ween. Sanna blifft aber ganz bescheiden, se müch doch to gern mal den Rhein sehn, viellich dor mal mit'n Damper op un daal schippern un sik allns bekieken, de standfasten Burgen un de feinen Schlösser. Se kennt dat Leed von den Loreleifelsen, un se will de Froo mal sehn, de sik dor mit'n gullen Kamm de Hoor glatt strikt.
Jakob will dor nix von weten; sone wiede Reis, de köst 'n Barg Gild. He weet, dat he denn deep inne Knipp langen mutt, un dat behaagt em nich. Sien ganse tietlebens sitt he op dat Gild as de Kluckhehn oppe Eier.
Aber Sanna gifft nich bodd, un se wüllt dor denn doch in'n Harst hin, wenn de junge Wien dor op best smeckt. Dat mutt Jakob sien Sanna denn woll günnen.

Nu düüst se also recht fröh an'n Morgen mit'n Auto los un juckelt in Eenzen na de beste Wiengegend. Se dwadelt glieks los, denn se sünd hungrig un döstig un wüllt jo uck wat beleben. Se leest nu binah an jedes Huus een Schild, wo opsteiht, dat hier Federweißer un Zippelkoken anboorn ward. In'n feint, gemütlich Lokal kehrt se in un find't inne stille Eck 'n litten Disch, de jüst för jüm maakt is, bloß twee Stöhl staht dor an. Se wüllt jo keen annern to hülp hemmen, dat se bloß nich noch för annerseen 'n Glas Wien spandeern mööt.

Oh, wat smeckt de Zippelkoken goot, so rech na mehr, un denn eers de junge Wien dorto. Hier kennt jüm nüms, hier künnt se mal so richtig den Düwel danzen laten. Se werd jümmer vergnöögter, sünd so richtig op ehr beste un dinkt gorne mehr an ehr Auto, dat dor dicht bi op'n Parkplatz steiht, un dat se dor noch mit los mööt na jümehr Quartier.

Se hebbt sik all bannig een ophuukt, weerd mit ehr Snacken un Verteлln jümmer'n beten luter, un dat dröövt se uck driest riskiern, denn annerseen versteiht hier dat norddüütsche Platt nich.

Aber denn maarkt se opmal, dat dor een Kerl von'n annern Disch jümmer na jüm röber gluupt. Wat het de an jüm to kieken? Wat scheert den dat, woveel se vertehrt! Sanna kummt dor toerst op, dat dat woll'n Schandarm in Zivil ween kunn. Sien hellblaue Hemd mit'n blauen Schlips, dat Tüüch verroort em, meent Sanna.

Junge, Junge, wat schall dor bloß von weern, de het dat amennen op jümehrn Führerschien afsehn! Harn se dat doch bloß bi Zippelkoken laten! Aber se wörn doch dorvon döstig worn, un nu wies de Wien jüm, woveel Geister un Promille so in em steken.

Jakob weet sik anners keen Rat: „Wi mööt wollsachs dat Auto stahn laten un to Foot den Weg bit na us Quartier maken“, so grummel he sik lies een in’n Boort.

„So wiet kummt dat noch, ik kann mit mien neiten Schoh mit de hogen, spitzen Hacken dor nich hinstrükeln, dor ward nix von! Wenn du nich so’n Pennenschieter wörst, denn harn wi een Taxi ropen kunnt“, so kiffelt Sanna los.

„Ik kann den Alkohol bäter verdrägen, un ik heff uck weniger verputzt as du. Ik hol dat Auto eben hierher bit vör de Döör“, sleit Jakob vör.

Aber denn fallt em de Schandarm woller in, de dor noch jümmer rümsitt un jüm op’t Visier het:
„Den weerd wi nich los, de liggt doch oppe Luur as de Katt, de een Muus wittert“, so sünd se dat vermoot, „de töövt doch bloß dorop, dat ik ninnen Auto stieg un dat Stüür anfaat, un dennso kann he ganz lichfarig sien Arbeit doon, un mien Führerschien is futsch!“

„He wat“, seggt Sanna, „ik heff den Plan all in’n Kopp trech. Du geihst rut un holst dat Auto hier vör de Döör her, un ik bliev still op’n Stohl besitten; denn dinkt de Schandarm, dat du eben bloß mal na ‚Tante Meyer’ wull. Wieldess wink ik den Kellner un betahl. Wenn ik denn rutgah, dennso hulst du all mit’n Auto vör de Döör. So gau as ik dor denn rinspring, so flink kann de Schandarm gorne kieken.“
Ja, dat har allns goot gahn kunnt, wenn de Kerl, den se Schandarm nöömt, nich uck foorns betahlt har un rutgahn wör. Schull jümehr Plan nich inne Büx gahn, denn mutt Sanna nu

uck ganz fix ween. Se grippt na Jack un Hoot un neiht ut de Döör, as wenn de Düwel achter ehr is.

Richdig, se süht all dat rote Auto un winkt, dat ehr Kerl ehr man inne Iel nich öbersüht. Dat Auto hullt uck gau still, se smitt ehr littje Handtasch dor man so hulterdipulter rin, un schwuppdiwupp sitt se dor uck all in. Se lett erstmal ganz luut een deftigen Puups flegen. „Oh“, seggt se, „de müss rut, de het mi all so langen quält, ik kunn den nich mehr trüchhooln, dat het woll de verdreihte Zippelkoken maakt.“
„Was soll das? Begrüßt man sich heute so?“, fragt nu opmal de Kerl blangen ehr.

Se kickt na Siet. De Kerl blangen ehr, dat is gorne ehr Jakob, ant Stüür sitt de Schandarm, un dat is uck gorne jümehr Auto. De Döör apen rieten un halsöberkopp rut springen is eens, un ton Glück hullt jüst achter dit rote Fohrtüüch Jakob mit sien knäterrote Auto. Nu man flink dorin un nix wie weg. Fleitjepiepen! Dat rote Auto mit den Schandarm verfolgt jüm. Eendoont in wat förn Straat se inböögt, sogor in Eenbahnstraaten, in de se nich von de Siet rinföhrn dröfft harn, de Schandarm suust achterher. „So’n Schiet“, flöökt Jakob, „nu het he mi bien Wickel, mien Führerschien is fleiten!“

„Ik bün Schuld, ik ganz alleen, ik geev em mien Lappen, so kann ik dat doch woller goot maken“, so will Sanna ehrn Jakob begöschen.

„Swieg un hool dien Boort, nu mutt ik still hooln, hier geiht keen Weg wieter, wi sünd in een Sackgasse!“

De Schandarm hullt nu achter jüm still, stiggt ut, kummt mit’n forschen Schritt op jüm to un swungst mit Sanna ehr Handtasch.
„Das war nicht einfach, Sie wieder einzuholen; hier haben Sie Ihre Tasche, wahrscheinlich ist Ihr Führerschein da drin!“

Sanna springt as erste ut'n Auto rut un röppt: „Ja-ja, behalten Sie man den Führerschein!"
„Wozu? Was soll ich damit?"
„Na, Sie sind doch Polizist und nur scharf auf den Führerschein", so will Sanna nu Klorheit schaffen.

Nu mutt de frömde Minsch luuthals lachen, un he fangt an plattdüütsch to snacken:
„Ik bün'n Hambörger, heff jou de ganse Tiet in'n Lokal niev tohört, dat het mi gefulln. Ik wull mit jou snacken un jou „Hummel-Hummel" toropen un noch'n Wien för jou utgeben, dor wörn ji miteens verswunnen!"
„Moors-Moors", jucht Sanna luut los, fallt den frömden Kerl üm'n Hals, drückt em'n Söten op un kann bloß noch „Danke" flüstern.
In dissen Ogenblick is ehr nich bloß 'n litten Steen von'n Harten fulln. Dat is gewiss de ganse Loreleifelsen ween.

Wer het dat klaut?

De Kaffeedisch is fein deckt. Nu noch eben gau na'n Bäcker un den „Freud-un-Leid-Koken“, den frischen Botterkoken, de nich fehln dröfft, afholn. Ja, un denn künnt de Froonslüüd kamen, de to dat Kränzchen nödigt sünd. Dat ward een vergnöögten Namiddag. De Mannslüüd günnt jüm dat, höögt sik een un wiesnäst: „Dor geiht dat duller her as in'n Höhnerhoff. De Froonslüüd vergeet denn Tiet un Stunnen un al ehr Gebreken.“
‚S abends, as se al woller na Huus gahn sünd, hülpt de littje Enkeldochder Frauke de Oma noch bien Opwaschen, un se dröögt ganz behütjert de olen, fienen Kaffeeköppens af. Se het dor aber'n litten Achtergedanken bi un fragt denn:
„Oma, drööf ik woll eben noch'n poor Runnen op dien neie blitzblanke Rad föhrn? Ik maak dat uck nich keputt.“
Oma wohrschoont ehr: „Ja, Deern, aber dat is noch ganz neet, pass op, dat di dat nüms wegnimmt, sluut dat jo goot af!“

„Oma, wonehm is dat Rad, ik kann dat nich finnen, nernen oppe Deel steiht dat nich?“
„Wat, dat mutt dor doch ween, kiek man erstmal richtig to.“
Oma weet doch, wat sik schickt un stellt jedes Ding woller op sien Platz. Aber dat Rad is weg, eenfach weg.
„Kann dat angahn, dat dat een von us Nabers lehnt het?“, so fragt Oma all beten besorgt.
„Nä, hier is anners nüms ween as de feine Herr, de di doch een Huulbessen andreihn wull“, so besinnt Frauke sik noch trüch.
„Schull de dat woll eenfach so mitnahmen hemmen?“
„Nä, de junge Mann wör doch mit'n feint Auto ünnerwegs, de het di dat nich vonne Deel klaut. Wat schull de dormit anfangen?“
„Na, viellich doch, weten kann man dat nich. Dat gifft jo Lüüd, de künnt doch anners nix lingen laten as swore Möhlstenen un gleihnige Köhlen.“
Oma is all ganz slech toweg - dat schöne neie Rad, dat lööpt so

licht un het uck'n Barg Gild köst. Opmal fallt Oma dat in: „Dor kummt doch jümmer so'n frömde Deern, de de Werbezeddels in'n Breefkasten stickt, de süht so wittsnabelt un puttöögt ut, ik glöv, de het nich veel inne Melk to krömen. De löppt doch al de Weeg to Foot af, de kunn bestimmt so'n Rad goot bruken."
„Nä, Oma, de tro ik dat nich to, de het keen lege Töög an sik, de snackt doch so gern un müch doch sogor plattdüütsch lehrn."
„Aber eener mutt dat doch daan hemmen, von sülbens löppt dat Rad hier doch nich weg. Nu fallt Oma woller wat in:
„Vör een Stunnen, as ik de Froonslüüd noch nawinken dä, do kömen hier twee Mann op'n Motorrad vörbi, in ehr Mandierung mit Helm un Brill kunns nich mal sehn, ob de jung oder oolt wöörn, dat Gesicht harn se versteken. Se harn sik angeblich verbiestert un frögen na een Hotel, wat dat hier gorne gifft. Is sowat nich verdächtig?"
„Aber Oma, een Motorradkutscher, de sitt op'n Füürstohl, de kickt so'n eenfach Fohrrad gorne an, dat is em veel to nixig."
„Hultstopp, nu besinn ik mi. Dor stünnen doch'n poor Urlaubers vör us Delendöör mit'n grode Düsterbrill vör de Ogen, un den Sünnenhoot harn se sik deep in't Gesicht tagen. Se bärn so, as wenn se neischierig wörn op den Huusspruch över de groten Döör. Ganz luut bukstabeern se dor op rüm un kunnen plattdüütsch lesen: ‚Falsche Lüüd un lege Snuten, de blievt hier am besten buten.' Se hebbt lacht un meent, dat wi aber mutig wörn. Schulln de amennen - - - - ?"
„Nä, Oma, schallst sehn un beleven, dat gode Stück kummt bestimmt von sülben woller."
„Ik will de Polizei Bescheed seggen". Oma is mächtig inne Brass.
„Vonabend is dat all to laat, in'n Düstern söcht keen Schandarm mehr na dien Rad, afluur dat man bit mornen", so versöcht Frauke ehr Oma to begöschen.
„Mornen, ja mornen, denn is dor amennen all eener mit'n Farvputt bi ween un het dor'n poormal mit'n Wittjerquast röber-

streken. Mornen, denn süht dat feine blanke Rad viellich all rot, geel oder swatt ut, is doch'n schannewert."
De ganse Nacht kriggt de ole Froo keen Oog to. Wer woll op ehr Rad sitt un dor all'n poor Runnen mit dreiht het? Mornen will se na de Polizei gahn un dat stanteped anzeigen. Wokeen se innen Verdacht het, werd de woll fragen. Se will allns seggen, wat ehr so dünkt, liekeväl, dat Rad schall woller her, un wenn dat uck all mit Farv bekleit is.

An annern Mornen will Oma nu aber gau noch vörher de Brötchen ton Fröhstück köpen. Se schubbt sik ehr Jack över un geiht na'n Bäcker. Aber wat is dat? Se troot ehr'n egen Ogen nich: in'n Stänner steiht ganz peit ehr blanke Drahtesel un lett sik von de warme Mornensünn beschienen. Ganz verlaten steiht dat dor rischop un het sik seit güstern nich vonne Steer röögt.

Oma sleit sik mit de platte Hand vörn Kopp. Se sülven is güstern mit'n Rad na'n Bäcker föhrt, het den Botterkoken in'n Korv packt un is denn ganz suutje to Foot na Huus gahn. O, wat von Glück, dat se de Schandarms noch nich op een Spoor sett het! Oma weet nu, dat man woll vergeterich ween dröfft, aber bevör man annerseen wat Slechts totroot, schull man ganz gründlich överlegen.

De Naam för den litten Broder

Dat müss Dirk doch eerstmal de Nabers vertelln, dat de Äbä em een litten Broder bröcht har. Dorto freit he sik bannig un hüppt von een Been opt annere. Obschoons de Üllern sik woll geern een littje söte Deern wünscht harn, har de Klapperstorch jüm doch den veerten Jungen ut'n Diek fischt.
Dirk, den höög dat, denn mit'n Deern kunn he doch nix anfangen. Deerns späln keen Football, Deerns künnen nich in'n Stahn pinkeln, un Deerns klattern nich in hoge Bööm un kregen keen Kraihnnester ut, so at sien groden Bröder dat möken. He bruuk een Kumpel ton Späln, un he wör dat bloß mit Jungs anworn.
Dirk pees also stanteped los na de Nabers un Frünnen, üm disse gode Neeigkeit ünner de Lüüd to bringen. Dat schulln se doch al in'n Dörp wies weern.
Aber denn güng de Frageree los, dor har Dirk nich mit reekt.
„Wo groot is he denn all? Kann he all lopen? Un wo schall he denn heten?"
„Na, de schall denn woll Peter heten, at sien Opa", meen Bruns Vadder.
„He wat, dat geiht doch nich, een Peter hebbt wi doch all."
„Dennso viellich Fritz, wie dien Vadder, un dennso maakt ji dor eenfach een Fritzi von", so wüllt se em in't Naberhuus dormit forthülpen.
„Nä, us Vadder meen, dat wör Narrenkram, twee Fidis wulln wi nich hemmen."
„Oder weet ji bloß Namens för Deerns?"
„Nä, doch sowat nich, is doch uck eendoont, wo he heet, wenn he man een starken Jungen is", so will Dirk sik dorvon afdreihn.
„Oh, nu fallt mi wat in, ik weet, wo he heet, jedenfalls so ungefähr. Ick weet, dat Hoorsien dat in'n Stall hebbt, na kloor, veer bunte Kaih hebbt de.
Ja, so heet he: K a i (h)!"

Dor har'n Uhl seten

Dat het Klaus Otto gorne passt, dat sien jüngste Schwester Bekka keen groden, rieken Buurn freet het.
Al löpen se achter de plietsche Deern her: Mandus, de riekste Buur in't ganse Karkspill, wull ehr hemmen, he wör jo all wat üller, aber denn uck sicher wat sinniger.
Un denn wör dor noch Hans-Heinrich von'n Platenshoff. Wat har de dat in'n Gang, luter neie Schünens, un erst dat Wohnhuus, ganz massiv boot. Wat har se dor goot sitten kunnt.
Och, se sünd gorne al optotälln, de besten Hööf. Woveel gode Brotsteern het se in'n Wind slaan!

Ja, un wat maakt disse vermuckte Deern? Se nimmt den Pillendreiher Nikolaus von Binneboom. Nun heet se uck nich mehr Bekka, nä, nu ward se Rebekka ropen: Rebekka von Binneboom, nä, wat klingt dat!

Aber dat wör jo nich dat Slimmste. Klaus Otto wüss nich, wat he mit'n Afteker snacken kunn. Wenn se een Kerl ut'n Buurnstand heirat har, mit so'n Swager har he sik wat vertelln kunnt. Se harn klagen kunnt öber de sieden Pries von de fetten Swien, oder se harn de Melkkeih bien Wickel kriegen kunnt. Viellich harn se uck prahlen kunnt mit de dicken Kartuffeln. Aber dat kunn he al wegstrieken, dissen Gefalln har Bekka em nich daan, se har sik in'n studeerten Afteker verleevt. Dat sien kloke Swager Nikolaus een ingebild'ten Minschen wör, dat kunn man jüst nich seggen, aber Klaus Otto verstünn nu afsluuts nix von Pillen un Pulver. Man kunn uck nich weten, ob de jüst veel inne Melk to krömen har. Wenn he al sone Kunnen har as Klaus Otto un sien Familie, denn har he tohand pleite maakt. Se bruken keen Aftekerwoor, wenn jüm mal wat piesacken dä, denn hülpen se sik sülvst mit Kamillentee oder mit warme oder kole Ümschlag, oder mit gröne Drapen oder gor mit'n kloorn Sluck, un dat kunnen se allns bien Höker köpen. Oma sä jümmer:
„Koppwehdaag muss du wegeten un Liefpien wegslapen."

Aber dat hülpt nix, Klaus Otto mutt sik dormit affinnen, dat he een Studeerten ton Swager kregen het. Aber he kann em uck wiesen, dat he nich een von de Dummen is, denn von „Bauernschläue“ un de lustigen Knääp, wie de sik so op'n Dörpen afspeelt, dor kennt de Swager denn doch woll nix von.

As Klaus Otto nu mal mit'n Rad dörn Dörp föhrt, üm dat Neetste wies to weern, do kummt em doch wahraftig de Tofall to Hülp. Didi Dröhnmeyer sit vör sien Huus oppe Bank un schufft den Priem in'n Mund von een Backensiet na de Kusen op de annere Backensiet. Klaus Otto weet, dat Didi een von de ganz Neerigen is, soveel Giez op'n mal het he noch narms sehn. Am leevsten will he uck ohn veel Sweet un Arbeit to Gild kamen, wie un wo, dat is em eendoont. Wenn't man jechens geiht, denn is he praat.

„Moin Didi“, röppt Klaus Otto em to un stiggt von'n Rad af, „du röögst di vör Morgen jo all woller as so'n doot Farken in'n Sack. Hest du nix ümtokehrn?
„Kumm“, seggt Didi un freit sik, dat he Snackertüüch funnen het, „sett di beten bi mi dal, gifft wat Neets?“
„Weeß du nix?“, fragt Klaus Otto nu trüch.
„Ik weer nix wies, mien Metta is suurmuulsch un luunt un knippt den Mund ganz fast tohopen. Se muult mit mi, weil ik keen Gild rafrück för neie Schoh. Se har ehr Schoh doch beter schonen kunnt, so mannigeen Weg har se in Hulschen afpetten kunnt. Ehr een Poor Schoh is noch nich mal söben Johr oolt. Wo schall ik soveel Gild hernehmen?“

Wieldess het Klaus Otto masse Tiet hat, sik wat uttodinken, denn bither het he uck noch nix Neets weten.
„Dor kann ik di hülpen. Du kanns to Gild kamen as de Hund to de Flöhn. Wat mien Stina is, de is dor uck mit togangen, de kummt anners to nix mehr, nich mal dat Eten kriggt se trech. Den gansen Dag is se achter de Flegen her as de Düwel achter de Seel, 'n halve Kaffeebohnstüten het se all vull. Se will de

na'n Afteker bringen, de bruukt de för een neie Salv. Du muss weten, he is jümmer an'n Sinniern un will wat erfinnen, dat de Gnitten us nich mehr piesacken künnt. Wat meenst du woll, he löhnt jede Fleeg, de he bruken kann, mit twintig Cent."

Nu is Didi nich mehr to hooln, he het keen Tiet mehr, mit Klaus Otto to klönen.
Stanteped kriggt he de leerige spitze, blaue „Swatten Krusen"-Tüten vörtüüch, un denn geiht dat op Flegenjagd. In'n Kohstall vör de Finstern kann he düchdig welke griepen, dat schäält wat. Un uck inne Köken sünd bannig veel, dat schafft uck Spöön. Toerst het he de noch tällt, aber denn is he dörher kamen. 'S abends het he de Tüüt vull, un nu lohnt sik dat, de na'n Afteker to bringen. He batzt de Tüüt op'n Tresen un strahlt den Afteker an:

„Dor bring ik di wat, de ganse Tüüt is vull, mien littje Enkel Peter het för di soveel Flegen söcht," so lücht he em dat vör.
„Ja-ja", lacht de Afteker, „ik wull jüst Fierabend maken un de Döör tosluten."
„Kann ik verstahn", seggt Didi, „ik bün uck bannig mööd un keputt, aber de poor Deerter inne Tüüt kanns woll noch eben täll'n un mi dat Gild glieks mitgeben för mien litten Peter. Klaus Otto het seggt, dat du foorns utbetahltst."

Nu geiht den Pillendreiher Nikolaus een Licht op: also sien Swager, disse Utbund, het em dat inbrockt. De Afteker is klook noog un geiht dor op in.
„Woveel het Klaus Otto di denn von disse Saak verraat?"
„Och, he meen, dat du för jede Fleeg, de du bruken kunnst, twintig Cent utbetahlst."
„Ja-ja", seggt de Afteker, „du schallst hemmen, wat di tosteiht. Ik nehm de eben mit na achtern un will de dörtälln, gah man so langen sitten."
Aber dat duurt un duurt, Didi kann dor bald nich mehr na luurn.

Endlich kummt de Afteker woller von achtern ut sien Kabuff rut un winkt mit'n Hunnert-Euro-Schien. In de annere Hand driggt he de blaue Tüüt. Didi Dröhnmeyer sien Ogen funkelt; mit soveel har he jo gorne reekt.
„Kanns du op'n Hunnerter rutgeben?“
„Nä, dat kann ik nich, heff gor keen Knipp bi mi.“
„Na, denn segg dien Peter man, dat sien Arbeit sik lohnt het, he kann sik hier mornen 1 Euro afholn. Hier inne Tüüt sünd de öberleidigen Flegen. Ik kann jo bloß de Flegenbück bruken, un in de ganse Tüüt wörn bloß fief Bück bi“, so versteiht de Afteker sik dor op een fiegelinsche Ort ruttodreihn.

Nu wörn Didi Dröhnmeyer denn doch de Petersilien verhagelt, dat wör em bitogahn, dor har'n Uhl seten. Nu müss he dat doch woll mit ehrlich Arbeit versöken, to Gild to kamen.

So wör Klaus Otto dat doch gelungen, twee Lüüd to'n Tietverdriev to verhülpen, ohn dat se Schaden dorvon harn.

Dat Bild is dor

Jan un Jochen dreept sik na langer Tiet mal woller op'n Harstmarkt. Oh, wat freit Jochen sik, he kloppt Jan oppe Schuller un seggt:
„Jan, du sühst goot ut, büst nu uck endlich Rentner worn un leevst dien Gelder. Dat geiht di woll goot?"
„Hest rech", antert Jan, „ik drööf nich klagen, heff noch jümmer wat ümme Hand, mien littje Veehtüüch kann ik goot afwohrn, un mit den groden Goorn dor kaam ik mi uck masse mit üm."
„Na un mit de Gesundheit un dien Familie büst uck tofreer?", fragt Jochen denn noch.
„Ochott, wat schall ik seggen, mit mien Arbeit, dor geiht de ganse lange Dag mit op, aber nu ward dat 's abends all fröh düster, de Abend is denn lang, un ik sitt dor bloß rüm un weet nix antogeben. Dat Bild is jo dor, bloß de Ton fehlt."

„Na", seggt Jochen, „dat lett sik doch afännern. Frag doch Swatten Dierk mal, de is doch in all'n Saken so gewitzt, de kriggt dat woller op schick. De geiht dor uck behütjert mit üm, dor kanns di op verlaten, du kriggst allns heel woller."

„Ochott, Swatten Dierk, den kenn ik woll. Dat is noch'n staatschen Kerl un is uck noch'n bannig Deil jünger as ik. Dat Spellwark will ik nich so riskiern."

Jochen gifft nich bodd:
„Na, denn günn di doch wat Neets, wees nich so neerig, du hest Gild noog, giff dat man ruhig ut. Kanns denn jo glieks wat Modernet un wat Schööns nehmen, dat du dorbi gemütlich op'n Sofa besitten blieven kanns. Kanns allns för Gild kriegen, so wie du dat hemmen wull, hell oder düster, luut oder lies. Schallst sehn un beleven, woveel lachende un smusterige Töne di denn inne Mööt kaamt. Dor hest du denn op dien olen Daag noch veel Pläseer mit."

„He wat, wat snacks du dorher, sowat muss mi doch nich anschünnen, mit wat Neets will ik mi doch nich mehr afrieten in mien Üller. Wi sünd nu veertig Johr verheirat un sünd dör Dick un Dünn gahn. Ik dink, dat dat von sülbens woller oppe Reeg kummt. Dat heff ik all fakener beleevt in al de Johrn“, so is Jan ganz hoffnungsvull.

Nu weet Jochen nich mehr, wat he dorvon hooln schall:
„Du büst woll narsch. Wat hat dien lange Eheleben denn mit’n Fernseher to doon?“
„Och Jochen, du dinkst de ganse Tiet an mien farbigen Kiekkasten? De is in Ordnung, den fehlt nix. Bloß bi us is dat so: Ganz ut Versehn heff ik de litten Stiefmütterchenplanten, de mien Anneliese so mühsam seiht un groottagen het, de heff ik deep ünnergraavt. Dat deit mi so leed, un ik heff all versöcht, dat mit’n Schachel düre, leckere Pralinen woller goot to maken. Dat het aber nix bröcht, wör allns för de Katt. Acht Daag muult mien Froo nu all mit mi. Annertiet snackt se ohn Punkt un Komma, aber nu is se op’n Slippen pett un kann de Tähnen nich uteenanner kriegen. Se sitt suurmuulsch an’n Disch, mi jüst gegenöber, un knütt Strümp. Sehn kann ik ehr ganz genau, aber höörn do ik nix, nich een Wort günnt se mi. Du hest mi fragt, wie ik toweg bün un wie mi dat so mit mien Familie geiht. Nu weeß du Bescheed:
Ik seh mien Froo ’s abends ganz genau, bloß höörn do ik nix von ehr, also dat Bild is dor, bloß der Ton fehlt.“

Dat allerbeste Wiehnachtsgeschink

Ob de Wiehnachtsmann dat in dit Johr to Wiehnachten schaffen kunn ?
De Mudder von de littje Karina müch woll gern, dat de Deern den Snuller inne Eck smeet, un dorüm wull se den Wiehnachtsmann bitten, dat he dat an dissen Wiehnachten doch nochmal versöken dä, ehr dat leed to maken.

Wat har de Mudder sik letzten Sommer schämt. Ton Schützenfest har se sik dörsett, de Littje müss ehrn gewohnten Nuckel to Huus laten. Toerst het dat op dat Fest uck goot gahn, aber denn het de Dochder een litten Jungen lopen sehn, de sien Snuller deep in'n Mund sitten har. Nu ritt disse Deern, so'n Ütz, sik los von Mudders Hand, peest na den Jungen hin, ritt em den Snuller ut'n Mund, tütt 'n poormal to, un denn langt se em dat kostbare Stück woller hin.

Ja, keeneen anners kann weten, wat so'n Lutjer wert is. Karina bruukt em to jeder Tiet. Het se mal Langewiel, denn kriggt se ehrn Snuller vörtüüch un ehr söte Mundwark is beschäftigt. Wenn se vergnöögt is, denn dinkt se uck bi dat lude Lachen opmal an ehrn Kameraden, de ehr an een Tüdelband üm'n Hals bungelt. Een ganz besonnert Wunnerding is dat aber, wenn se so trorig is, dat ehr de blanken Tranen öber de Backen loopt. Wenn se sik de Knie tweifulln het un Pusten un Plaster nix nützen künnt, denn zaubert disse Tröster de Tranen weg. Slapen geiht Karina nie un nimmer ohn ehrn gewohnten Fründ.

Aber nu kummt se bald na'n Kinnergoorn, un so'n grote Deern kann doch ehrn Lutjer dor nich mit hinnehmen.

Dat Johr is nu bald woller rüm, un Karina wünscht sik, dat de Wiehnachtsmann kamen schall. Se het doch twee Gedichte för em lehrt un het de jümmer woller mit ehr Mudder öövt:

Wiehnachten is 'ne moije Tiet,
lang heff ik luurt, nu is't so wiet.
Is de Wiehnachtsmann woll all dor ween?
Dör't Slödellock kunn ik't nich sehn.
Wat he woll bringt, dat müch ik weten.
Mien Mudder sä, ik schull wat eten,
ik mag jo nix, ik bün all satt,
inne Stuuv gifft dat nachher jo uck noch wat.

-.-.-.-.-.-.-.-.-.-.-.-.-.-

Wiehnachtsmann, du gode Mann,
kloppst an al de Döörn an.
Vadder seggt: „Du sleist mi",
Mudder seggt: „Du eist mi."
Ik glööv dat, wat Mudder seggt,
du büst 'n goden Knecht.

Een von de beiden Verse will se den Wiehnachtsmann vörbeden.
„Nä", seggt de Mudder denn, „säg man alle beide Gedichte her, denn de Tiet, solangen du snackst, hest du doch keen Snuller in'n Mund."
„O Mama, nä-nä, ik wies den Wiehnachtsmann doch nich mien'n Lutjer, den versteek ik denn ganz wiet weg. De Wiehnachtsmann dröfft nix dorvon wies weern, denn fangt he woller dat Stänkern an."
Karina har dat also nich vergeten un schäm sik woll doch so'n beten.
Aber de Wiehnachtsmann het uck 'n behüllern Kopp un weet noch, dat he vergangen Johr droht het: „Wenn du dat Nuckeln nich opgiffst, denn nehm ik dat ganse Speelkram woller mit!"
De Deern het bloß piept: „Denn do dat man driest, ik will mien'n Snuller behooln, den geev ik nich ut."

De Wiehnachtsmann weet, dat he dat anners anfangen mutt;

op disse strenge Ort un Wies kummt he nich wieter. As de plietsche Deern ehr Sprüche so fein opseggt het, do dinkt de Wiehnachtsmann an den litten kranken Pascal, den he jüst besöcht het un de nu to Wiehnachten so hoch Feber het.

„Ja, dien Gedichte hest du fein lehrt, dorför dank ik di, un ik frei mi, dat du so gesund büst un lustig lachen kannst. Ik mutt jümmer an den litten Jungen dinken, de so krank is, dat he in'n Bett lingen mutt. Wenn he doch bloß 'n Lutjer har, denn güng em dat viellich bald beter", so vertellt de Wiehnachtsmann sien Sorgen.

Miteens hüppt Karina los as so'n jungen flinken Haas un hoolt ehrn Snuller:
„Hier, Wiehnachtsmann, gah doch nochmal na den kranken Jungen un schink em dissen allerbesten Nuckel, denn ward he besimmt tohand woller gesund."
Wat höögt dat den Wiehnachtsmann, dat he een Kind mit so'n wiet un goot Hart vör sik het.

Noch mehr freit sik de Üllern över ehr Dochder, de gern ehr beste Stück an eenen, de dat groot nödig het, afgeben kann. Dat to weten, is jümehr allerbeste Wiehnachtsgeschink.

De Lebensdroom to Wiehnachten

Egentlich geiht jüm dat goot in'n Seniorenheim. Dora, Luise un Gisela, de dree sünd Fründinnen worn, weil se alle dree nich mehr goot to Foot sünd. Se nähmt den Rollator to hülp oder se schrökelt sik mit'n Stock vörwarts. Aber jümehr Geist is helle, un dorüm strapaseert se ehrn Brägen meist jeden Namiddag un döscht de Korten. Se nehmt dat ganz wichtig un speelt för Gild.

Gisela freit sik jümmer, wenn se gewinnt, denn se kann dat Gild goot bruken. Se will sik partu noch'n Lebensdroom erfülln, se will dor nochmal hin, wo ehr Wuddeln sünd.

Ehr Söhn, de ehr faken besöcht, de versöcht, ehr dat ut'n Kopp to snacken. He meent dat goot, wenn he ehr wohrschoont:
„Gah dor nich hin, behool un bewohr al de Biller so in'n Kopp. Dat sünd glückliche Erinnerungen ut dien Kinnertiet. Laat di nich ut dit Paradies verdrieben, na twintig Johr is dor allns anners worn."
Aber se lett sik dor nich von afbringen, bit Wiehnachten het se soveel Gild tohoopen giezt, dat se de Reis betahl'n kann.
Noch een eenzig Mal müch se den Placken Eer sehn, den se faken mit ehr Sweetdrapen düngt het. Ob dat Efeu dor woll noch prunkt?
Noch eenmal müch se de Döörklinken daldrücken, in't Döörlock stahn un ropen:
„Ik bün woller dor!" Viellich dröff se ninne Dönz kieken, ob Vadders Lehnstohl woll noch achtern warmen Kacheloben steiht? Noch een eenzig Mal müch se de Stubenlamp, de se ehr Mudder mal schinkt har, anknipsen un sehn, wo hell de noppen Disch schient. Ob de ole iserne Pump mit den blanken Hönken, den se to jeden Sünndag putzen müss, bit de blinkern dä, woll noch inne Waschköök ehr Wark deit? Noch eenmal müch se ut'n Kökenfinster noppe Straat kieken, dat duur doch nich langen un möök de Besitzers keen Möh un Ümstännen.

Wat het se dorför knausert in letzter Tiet, een ganset Johr het se sik dat von ehr Taschengild afspoort, dat se disse Reis betahlen kann.

As Gisela nu endlich een Dag vör Wiehnachten in'n Taxi de Landstraten hindalsuust, kickt se jümmer bloß ut'n Finster. Dat Auto föhrt ehr veel to flink, so gau kann se de Biller gorne in sik opnehmen. Obschoons de Bööm kahl sünd, de an ehr vörbifleegt, gefallt ehr de Landschaft goot, denn de ruge Riep het sik inne Bööm ophungen, un de glitzert nu, dat is wie in'n Märchen. Minschen süht se kuum buten lopen, denn de gräsige Ostwind fegt hier allns weg, he find't meist nix, wat em ophult.
„Föhr 'n beten sinniger", seggt se to den Fohrer, as he in ehr leve Heimatdörp inböögt, denn se mutt em doch den richdigen Weg wiesen.

Dat se dat binah nich mehr kann, mag se nich togeben, denn de neiten Straten sünd anners boot worn. Aber denn hult dat Auto all vör ehr Üllernhuus.

Wat het ehr Jung ehr bloß vörsnackt! Dat Huus süht doch noch jüstso ut as vör twintig Johr: Dat Uhlnlock is noch baben in'n Gebel, un de fromme Bibelspruch steiht noch öber de groten Döör. Eenige Fuhrnbööm hebbt se dalmaakt, un de scheve Vagelbeerboom, wo se as Kinner jümmer in schaukelt hebbt, de steiht uck nich mehr.

„Tööv man'n korten Ogenblick, dat duurt nich langen, ik bün tohand woller hier", seggt Gisela to den Schafför.

De grote Döör is tosteken, aber se weet jo, wo de Blangendöör is. Hier fehlt de Drücker, se mutt op'n Klingelknoop drücken. Aber denn kummt uck all 'n jungen Kerl, de ehr fragt, wat se hier denn woll so fröh an'n Morgen söken deit. In Gisela is dat so opwöhlt, dat se kuum snacken kann. Ehr Hart puckert bannig, as se ehrn Namen herstöttert un noch bitten kann, ob se woll eben kort rinkamen dröff, weil se in dit Huus geboorn wör.

„Oh, das tut mit leid, das geht jetzt nicht, wir haben noch nicht aufgeräumt. Das Frühstücksgeschirr steht noch auf dem Tisch, und die Betten sind ebenfalls noch nicht gemacht", seggt de frömde Kerl un batzt ehr de Döör slankweg vör de Näs to.

Wat het disse unbehöbelte Kerl de ole Froo doch een topuult! Wat het ehr Söhn doch recht hat, de ehr wickt un warnt het. Dat gastfründliche Huus, wat fröher mit Leben füllt ween wör, wo dat warm ween wör, dat wör nu bloß noch een opgetimpelten kolen Steenhopen mit Finstern un Döörn dorin, wo de Seele in fehlen dä. Gisela stütt sik op ehrn Handstock, se is opmal ganz litt un krumm worn un kann de Tranen nich mehr trüchhooln.

De Taxifohrer, de dat Spellwark beobacht het, haalt ehr vonne Döör weg, haakt ehr ünner un will ehr in't Auto hülpen, denn ehr Kopp is nich mehr baben.

„Laat mi noch fief Minuten hier buten anne frischen Luft, ik mutt mi eben besinnen, mien Gedanken sünd ut Spoor lopen", so find't Gisela doch woller trüch.

Miteens höört se een Minschen blangen sik ganz vertroot snacken: „Büst du nich Koch's Gisela? Ik bün de Nabersdeern Marga, kennst mi doch woll noch!"
„Oh ja, wo kann't angahn? Du büst dat! Wörst noch so jung damals, as ik wegheirat bün." Woveel glücklicher klingt nu all Gisela ehr Stimmen.
„Schick de Taxe weg, wi beide hebbt us veel to vertelln. Ik sorg dorför, dat du heel woller na dien Seniorenheim kummst. Arger di nich över den ullen Kerl, wi weet, wat dat förn Füürfreter un Hackenbieter is", so kann Marga ehr begöschen.
Nu is dat för Gisela so unverhofft een feinen Dag worn, wo se den Rest von ehr Leben von tehrn mutt.

De Karkgang

Liese geiht jeden Sünndag na Kark, ganz egal, wat von Weer is. Dat kann plastern, dat du keen Hund na buten jagen magst, dat kann so koolt ween, dat de Waterammel blangen Herd tofreern deit, oder de Sünn kann von'n Himmel brennen, eendoont, Liese maakt sik op'n Weg na Kark.

Dat se so fromm is un den Heben pacht het, kann man jüst nich seggen, aber unchristlich is se uck nich, se deit keeneen wat.

Se sitt jümmer ganz achter oppe letzten Bank in de büterste, düstere Eck, un bi den letzten Vers von den ersten Gesang is se all todööst, keen Orgelgebruus kann dat verhinnern.

De Pastor weet dat, he kennt ehr un ehr Familie un weet, wieveel Hanteern un Lamenteern bi ehr to Huus los is.

Fief gesunne Jungs het se, de an'n Sünndag, wenn keen School is, Leben in't Huus bringt. Un dat is jo so, wo masse Kinner sünd, dor kaamt noch mal so veel dorto, un denn geiht dat hoch her. Liese mutt denn nich bloß Mudder ween, nä, faken uck mal Schiedsrichter oder Krankenschwester späln. Wenn een sik dat Knie tweifulln het, mutt Liese dat pusten un'n Plaster opbacken. Alle näslang kummt een anblaarn, un se mutt stüürwehr hooln. Het mal een Kind in'n dreckig Waterlock pett, denn söcht Liese gau dröge Strümp her, dat de sik bloß nich verköhlt. Mitünner geiht dat gor to dull her; dat kann nich so wietergahn, dat schall anners weern! De Kinner mööt lehrn, alleen ünnereenanner klor to kamen.

Wenn Liese de fette Hehn för de Sünndagszupp oppen Füür het, dat de langsam goor koken kann, denn kriggt se dat Gesangbook vörtüüch un maakt sik op'n Weg na Kark, üm sik Gottes Wort antohöörn. Aber wenn se dor to Ruh kummt un so komodig inne Karkenbank sitt, denn ward se ganz kopplastig, un ehr öberkummt de Slaap. Een ganse Stunnen het se nu Freer, un se föhlt sik as in Abrahams Schoot.

Aber nu is de ole Pastor, de dat nich anners von ehr kennt, in'n Ruhestand gahn. Een jungen Pastor fangt hier sien Deenst an, den fallt dat op, un he het Mudder Liese op'n Kieker. Twee Sünndaag lett he vörbi gahn, un denn fangt he an, de Ursaak dorför bi sik sülvst to söken.

Ob sien lange Predigt ehr woll nich gefallt? Ob he jechens wat verkehrt maakt? He mutt ehr fragen!

As he sien Tohöörers denn na den Karkgang buten för de Döör een goden Sünndag wünscht, do faat he sik een Hart un fragt ehr:
„Frau Meyerdierks, geht es Ihnen heute nicht gut?"

„Oh doch, Herr Pastor“, antert Liese, „mi geiht dat nu woller allerbest, ik heff mi fein utrauht.“
„Das habe ich gemerkt. Sie schlafen jeden Sonntag in der Kirchenbank ein und können also von Gottes Wort nicht viel aufnehmen.“
Liese is dat sülvst uck nich rech, un se seggt denn:
„Ik weet, dat schickt sik nich, aber dat dröövt se mi nich krumm nehmen. Ik kann mi hier allerbest verhaaln. Mit de feinen Orgeltöne un mit de Karkgängers ehrn Gesang weer ik sachte in’n Slaap weegt, un denn stöört mi nüms mehr. Bloß wenn se bi de Predigt vonne Kanzel mal’n wat luteren Ton anslaat, denn scheet ik in’n Kluten tohoop. Een ganse Stunnen in Eenzen slapen, dat gefallt mi goot un dat deit uck bannig nödig. Ja, Herr Pastor, dat mööt se mi günnen, denn wenn ik sünndags mien Karkenslaap nich hat heff, denn bün ik de ganse Week nich to bruken.“

„Na“, dinkt de Pastor, „wenn dat denn so is, denn mutt ik dat woll so hinnehmen.“

De letzte Hannoveraner

Wenn twee Lüüd sik striert, denn lacht de drütte. Dat is so'n olen Snack, de woll uck mannigmal gilt.
Aber denn gifft dat ton Glück eenen, de den hässlichen Striet ut de Wilt schaffen mutt oder dat tominst versöken mutt, un dat is de Schiedsmann von Ossenbüttel. Friedrich Engel heet de. Wenn he von son'n Ehrenamt uck nich riek weern kann, so versprickt he sik doch'n poor interessante Stunnen dorvon, denn langwielig is dit Amt nie. He het nämlich een Bedingung, un dat maakt he in'n vörut af: Eener von de beiden Kontrahenten mutt'n Buddel Sluck spandeiern.
Natürlich geev dat woll slimme Saken, dor wull Fidi Engel nix mit to doon hemmen, dat wörm de Sludertaschen, de öber ehrbore Bürger Lögen in'n Gang bröchen. Meisttiets harn sone Lüüd nix ümme Hand, harn man'n litten Kopp un kunnen nich in heiler Huut leben. Ut Neid un Afgunst flicken se ornd'tliche Minschen wat ant Tüüch un petten so de ehrn goden Namen in Grund un Bodden.
Dejenige aber, öber den de Lögen vertellt wörn, de wör dat meisttiets nich wies un wüß denn gorne, worüm Nabers un Dörpslüüd em scheef ankeken un he nich mehr grüßt wör.
Nä wer Hunnensaat seih'n dä un Luther sien achte Gebot ut sien littje Laienbibel, so as Luther den litten Katechismus sülvst nöömt het, nich kennen dä, dor wull Fidi sik nich mit afrieten, dor töög he sien Hannen von. De Hochdüütschen nömen sowat „Rufmord“ un dat wör jüstso slimm as annern Mord un mit Mord un Dootslag har he as Slichter nix to kriegen un dat kööm em uck nich to, dor schull'n de Schandarm, de Richter un de Staatsanwalt dat letzte Woort hemmen.
Meisttiets lett sik aber de Striederee tohand slichten, denn faken is dat lachhaften Kram, worüm sik 'n poor Dörpslüüd inne Klatten kregen hebbt. Aber in'n Dörp schall Fried un Freer ween, un Fiedi mutt dorför sorgen, dat allns woller oppe Reeg kummt.

Eenmal an eenen Harstdag wör doch Adolf Langfoot bigahn un har al de schönen riepten Appels, de von Nabers Appelhoff an een starken Telgen na sien Hoff röberrecken dän, eenfach afplückt. Een grode Kiepenvull har dat bröcht. Dat het den Naber Piepenpaul nich passt, un de beiden hebbt sik inne Wull kregen. Adolf har Paul doch wahraftig fragt, ob he welke an't Muul hemmen wull. Von dissen Dag an kunnen de beiden sik nich mehr op't Fell kieken.
Wokeen höörn denn de Appels to? Geev dat dor een Gesetz för? Nu müssen se also vör't Schiedsgericht.
Fiedi Engel, den se in'n Dörp „Broder Salomo" nömen doot, de wull nu versöken, jeden dat rech to maken, denn to'n Schiedsmann is he utsöcht worn, weil he fienföhlig is un sik goot in jedeneen sien Natur un Schicksal rindinken kann. De Hochdüütschen seggt dorto: „der Mann ist sensibel." He is so'n Allmannsfründ, een, de dat Leben leev het un jede Stunnen geneten deit, wenn he nüms Schaden dormit deit. He meen, dat Adolf sien Froo man'n allerbesten Appelkoken backen schull un Piepenpaul un sien Froo un natürlich uck em, Fiedi Engel, inladen müss, dat se den Koken gemütlich vertehrn kunnen. Nüms kunn denn jo weten, woveel Appels to den Koken nödig daan harn un verbruukt worn wörn. Ja, un so kööm de Striet ut de Wilt.

Aber eenmal har he een gansen hartnäckigen Fall. Dor güng dat üm de hoge Politik, worüm' n poor Nabers sik jümmer woller welke topuuln dän.

Klaus Otto wör een echten Preußen worn, un he frei sik, dat dat Hannoverland nu endlich een preußische Provinz worn wör. He verehr Otto von Bismarck un allns, wat dormit to doon har. In sien Vörgoorn weih de preußische swatt-witte Fahnen, un wo he man jechens kunn, dor wies he disse Farben. Vörn Wagen spann he'n Schimmel un'n Rappen tohoop. De beiden Katten op'n Hoff wörn swatt un witt, un sien Stakettlatten üm sien Goorn, de har he afwesselnd anstreken, de een swatt un de annere witt. Naja, un de Keih, dat wörn jo bi jeden Buurn de Swattbunten, also von Geburt an all preußisch farvt.

Aber Hannes Buur, wat sien Naber wör, de wör un bleev'n olen Hannoveraner. In sien Goorn bleihn egentlich bloß gele un witte Blomen. In'n Vörjohr füng dat mit de witten Sneeglöckchen un de gelen Forsythien an, de wiethin to sehn wörn. To Ostern wör dat bi em de reinste Pracht mit de gelen un witten Narzissen, un in'n Sommer strahlen dor de gelen Ringelblomen, un anne Grenze na'n Naber to, dor wüssen de hogen Strüük mit de gelen Hannoveraner Blomen un witte Hortensien. In sien Stall un Schüün pass een gelen Kater op, dat de Müüs nich öberhand nöhmen, un sien Stakettlatten har he geel un witt anstreken. He kunn sik dor nich in finnen, dat sien leve Hannoverland nu preußisch ween schull.

Jeden Sünndag, den de leve Gott weern leet, eten se na den leckern Swiensbraden ton Nadisch de söte Welfenspies, un de sehg geel un witt ut.

Mitünner kreeg he sien Trompete vörtüüch un smetter denn de Melodie von dat Hannoveraner-Leed so luut in't Horn, dat dat op Güntsiet von'n Dörp noch to höörn wör. Oder he seet op sien Fierabendbank, un denn klüng sien klore Tenorstimm na'n Naber röber, he süng alle Verse von „Ihr lustigen Hannoveraner, seid ihr alle beisammen". As he denn uck noch'n gelen Hahn mit witte Feddern bi sien Höhnertucht hooln dä, do har he dat mit sien preußischen Naber ganz un gor verdorben. Aber dor kunn jo nüms wat gegen doon, denn allns wör jo rechtens.

Endlich wörn denn jo twee Johr üm, un een jungen, bunten Hahn kööm oppen Hoff. De gele Hahn müss nu wieken un wör slacht. Dat haag den Naber Klaus Otto bannig, un he kunn nich mehr an sik hooln, he müss Hannes Buur een bipuuln:

„Wat is dat doch förn Glück, dat nu endlich de hannöversche Hahn ut'n Dörp verswunnen is!"

Dat is toveel för Hannes Buur, dor het he wat an to knusen. Dat kann he nich op sik sitten laten, un de Saak kummt vör dat Schiedsgericht.

Ditmal köst Fiedi Engel dat masse gode Wöör un masse Sweet. Dat is nie rutkamen, ob se mit een Dag un mit een Buddel Sluck utkamen sünd. Op'n hangen Hoor har he woll noch sien passlichen Binamen „Broder Salomo" inbüßt.

He sleit jüm erstmal so'n Ort „Waffenstillstand" vör. Un denn mööt se em noch versspräken, dat se to ehr Lebenstiet dorför sorgen wüllt, dat se beide een swarten Gravsteen mit witte Inschrift kriegt. Op beide Gravsteern mööt gele Chrysanthemen un uck witte Blomen wassen, dat mööt se em verspräken.

So is dat denn uck kamen, un dat har noch een Godes: se sünd nich vergeten worn. So mannigeen von de Dörpslüüd is na jümehr Gravsteer hinpett, het nakeken un sik versichert, ob dat uck inhooln wör, un he het denn viellich uck mal'n innig Gebet na'n Heben schickt.

Paul un sien Mallör

Dat is doch to schaad, dat Paul keen Familie het, he kunn doch goot un geern Froo un Kinner ernährn. He is aber Junggesell bleven; dat is de Sorte von Minschen, de nich heirat un sik nich vermehrt un trotzdem nich utstarvt. Paul het een gode Natur, jedereen mag em gern verdrägen, denn he is een ganz gefälligen Minschen. He het uck Verstand. Dat bewiest he dormit, dat he sik faken mal sülvst oppe Schippe nimmt. He is aber een von de Stillen, he het dat innerlich, so as de Zägen den Tallig.

Glieks na de Schooltiet har he Schoster lehrt, he har bannig Spaß bi sien Arbeit. Wenn he denn as Lehrjung de Schoh na de Kundschaft bröcht har, denn kööm he faken mit'n groden Batzen Drinkgild na Huus. Dat geben de Lüüd em gern, weil he so fründlich wör, veel lach un jümmer tofreer wör.

Nu het he een egene Schosterwarksteer, de is halv baben de Eer un halv ünner de Eer. Von sien Schosterbuck ut kann he dör de brede Kellerluuk noppen Footstieg kieken, aber dor loopt bloß Fööt un Been an vörbi. De Köpp von de Lüüd kriggt he nich to sehn, so hoch is dat Finster nich. Aber langwielig is em dat nich, denn dat gifft bannig veel verschiedene Ünnergestelle, so as he de nöömt. De Kinner sünd dor meisttiets so gau mit ehr flinken Fööt an vörbi hüppt, dat he de gorne wies ward. De Ülleren pett ganz bedächtig un hebbt faken Last, dat se de Been hochböörn künnt. De slaart dor denn man so oppe harten un holperigen Zementplatten langs. Un uck de fliedigen Arbeiters, wenn de na'n langen Dag endlich Fierabend hebbt, de drebelt dor denn ganz swoorfällig langs na ehr Huus to. Paul kennt jüm al an'n Gang.

Am leevsten kickt he doch de jungen Deerns na; denn lett he glattweg sien Waarktüüch falln, so höögt em dat, wenn de mit de langen, slanken Been un Stöckelschoh dor an vörbi trippelt. Kaamt disse jungen Fräuleins denn mal in sien Warksteer, weil he jüm de scheven Hacken liek maken schall, denn kickt he sik dat feine Gesicht besonners goot an un weet denn annertiet, wenn se bi em an'n Finster langs stolziert, wer dat sünd. Aber bi dat Kieken blifft dat denn uck. Sik een Pauline to söken, dorto fehlt Paul de Moot. He kummt nich so rech ut'n Jahn un mag dat nich doon, mal een plietsche Deern antohaln. Bien Snacken stött he beten an, un wenn he opgeregt is un dat ganz besonners goot seggen will, denn löppt em allns verdweer, denn kummt he kuum mit een korten Satz to Putt.

Aber Paul bruukt nich achtern Oben to sitten, he hett jo sien Moped, un dormit föhrt he inne Wiltgeschichte rüm. 'S abends kriggt he sien Tweerad vörtüüch un juckelt los. He kehrt woll mal inne Weertschaft in, drinkt sien Lütt un Lütt un viellich noch so een. Aber denn dreiht he nachher sien Kist besonners wiet apen. Wohr di weg, magst nich sehn, so neiht he dormit los öber Stock un öber Steen! Een Wunner is't, dat he jümmer woller heel an't Huus kummt.

Aber een goden Dags het em dat doch mal beschuppt. Nüms weet, wie dat passeert is: Paul sien Moped liggt in'n Graben, un fief Treer wieter hin liggt Paul. Ton Glück find't em so'n Wandergruppe, de op Gröönkohltour is, un de weckt foorns den Krankenwagen an. Paul het dat öberleevt, aber he ward dor nix von wies, as se em in'n Auto packt un mit Blaulicht un Martinshorn mit em losdüüst.

He waakt erst in'n Krankenhuus op de Intensivstation woller op. He weet nich, wo he is, denn he het vonne Hüll dröömt un dat dor dat blaue Fegefüür wör. Blangen sien Bett steiht'n Schwester mit'n witten Kittel, de em anlachen deit, so fründlich wie een Ingel. Inne Hüll is he denn wollsachs doch nich, aber in'n Himmel kann he uck nich ween, denn de Ingel, de em anstrahlt, het keen Flünken. Dorüm sleit he dat man so rut: „Wo bün ik hier?"
„Sie sind in der Klinik, Sie haben viel Glück gehabt bei Ihrem Unfall. Sie haben keine schlimmen Verletzungen, waren lange ohne Bewußtsein, aber jetzt geht es Ihnen ja wieder besser", so vertellt de fründliche Schwester em dat.
„Wat, 'n Unfall heff ik hat? Dor weet ik gor nix von af. Un nu lieg ik hier in so'n littje Bessenkamer in'n Krankenhuus?"
„Nein, Sie sind hier auf der Intensivstation. Hier sind Sie nie allein, immer ist jemand da und schaut nach Ihnen", so haalt de Schwester em bilitten woller trüch in't Leben.
„Aber hier blangen mi steiht jo een dünne Wand mit Röör dorünner. De rullt Se man na Siet, denn is dat hier doch nich so eng."
„Nein, das geht nicht, das darf ich nicht tun. Hinter diesem Vorhang liegt eine Patientin, die sich den Arm gebrochen hat bei einem Sturz von der Treppe", so erklärt de geduldige Schwester em dat.

Nu gaht Paul dusend Dinge dörn Kopp. He is gorne mehr trorig, dat em dat so mallöört is un dat he hier nu de Tiet tobringen mutt. Dat het wollsachs so ween schullt! Is dat woll sien

Schicksal? Dicht blangen em op Güntsiet liggt viellich een junge Deern, de mit ehr langen, dünnen Been un Stöckelschoh veel to flink de Trepp hindaal birst is un denn int Strükeln kamen is. Oh, denn müch he doch to gern beten mit ehr flirten un schäkern.

„Schwester, künnt Se nich mal'n Oog todrücken un'n Utnahm maken, de Wand bloß so'n litten beten wegtehn? Dat wör doch to schön, wenn ik dor bloß mal eben hinjippen kunn. Ik bün all tofreer, wenn ik de Been seh. Viellich kenn ik de Verletzte goot", un dorbi knippöögt disse Sleef de Schwester to.

„Nein, junger Mann, das darf ich nicht. Die Dame braucht noch ihre Ruhe, gerade heute, denn wenn sie aufwacht, können wir ihr zu ihrem Ehrentag gratulieren; sie hat heute Geburtstag."

„Dausendweg, dat freit mi. Wie jung is de Deern denn vondaag worn?" Un dormit sett Paul sik foorns risch op in sien Bett.

„Unsere Jubilarin hier nebenan hat die Null am Ende, ein besonderes Fest, sie hat die Achtzig voll."

Nu sünd Paul de Petersilien verhagelt; he smitt sik batz woller op sien Bett dal:

„Och Schwester, laat Se de Wand man gern stahn, schall allns so blieven as dat is. De Dame schall erst mal in aller Ruhe gesund weern!"

In'n sülven Ogenblick duukt in't Döörlock so'n blonden Wuschelkopp op, de jünge Deern will ehr Oma ton Geburtdag gratuliern. Flink as so'n Blitz schütt Paul woller inne Hööch un weil Oma noch in'n depen Slaap is, fangt de Deern dat Snatern mit den Bettnaber Paul an un stellt sik as Pauline vör.

Schull dat amennen nu doch Paul sien grode Chance ween?

In annere Footstappen

Dat de Jüngste, de Wolfgang, dat swatte Schaap inne Familie is, dat kann man jüst nich seggen. He is een orntlichen, ehrlichen un arbeitsamen Minschen, bloß'n beten anners as sien nöögsten Verwandten. He kummt ut een Akademiker-Familie, wat em tietslebens nich stöört het, wenn se em man in Ruh leten. Sien Vadder is Dokter vet. un nimmt sien Söhn faken mit na de Buurn, wenn een Stück Veeh krank is. He hööpt wollsachs, dat he Wolfgang dorför begeistern kann, dat denn wenigstens een von sien veer Kinner mal Veehdokter lehrn deit.
De üllste Söhn har Medizin studeert un arbeit nu all as Dokter med. in'n Krankenhuus. De beiden Deerns wörn Lehrerinnen worn, jüstso as jümehr Mudder, de dat op'n tweeten Bildungsweg lehrt har. Ehr Üllern, Grootüllern un Urgrootüllern wörn Buurn un harn hööpt, dat ut jümehr Deern uck mal een düchdige Buurfroo weern dä. Von dit Bloot har de Jüngste, de Wolf-

gang, uck wollsachs wat inne Knaken, denn he müch gern inne wiete Natur rümstromern. Een Buur to ween, dat har em woll behagen kunnt. Sik jeden Dag so richtig utarbeiden un 's abends sehn künnen, wat beschickt worn wör, dat wör wat för em. Aber Buurhööf wasst jo nich as Pilze ut de Eer.
So eenigt he sik mit sien Üllern, un doröber is he glücklich, he will Handwarker weern. Dat höögt em, denn he nimmt jümmer gern sien Hannen to Hülp, ob dat bien Eten is oder bien Arbeiden. Wenn sien Geschwister dat Botterbrot mit silbern Messer un Gabel eet, denn klappt he dat tohoop un kann rinbieten. Jüstso itt he uck de Knackwust, de nimmt he inne Hand un bitt dor af, so smeckt em dat alltiet op best.
He müch am leevsten Timmermann lehrn un mit Hult ümgahn, dat liggt em. Aber he is man een smächtigen Jungen, dorüm will he Dreier weern, denn sünd woll de Hultstücken wat litter un wat lichter, un denn kann he de beter regiern. Nu is sien Wilt rund, un an keen Ecken un Kanten kann he sik stöten.
Aber een goden Dags kunn dat denn doch woll een von de Dörpsjungs nich af, dat Wolfgang so goot toweg is. Sien Klassenkamerad Alfred de is em dat nich günnen un mutt em een bipuuln. Dor, wo de Lüüd am dichtesten staht, op'n Füürwehrfest, dor fangt he an to stänkern:
„Na, Wolfgang, wie kannt angahn, al ut dien Familie sünd se wat worn, bloß du hest dat to nix bröcht, büst nich in dien Üllern ehr Footstappen pett."

Wolfgang wör em am leevsten anne Görgel sprungen, aber dat kunn he nich riskiern. Alfred is een Bull von Kerl. Wo de hinpett, dor wasst keen Gras woller, de Büx mutt he sik mit de Knieptangen antehn.
Wolfgang is een besonnenen Minschen, aber op'n Mund fulln is he nich. He mutt Alfred dat trüchgeben, in't Muuslock krepen bruukt he nich. He het dat lehrt, sik mit Wöörn to Wehr to setten. Dat dröfft he nich so op sik sitten laten, denn he maakt sien Arbeit goot, sien Meister is mit em bannig tofreer. He

mutt Alfred de Tähnen wiesen. Dorüm antert Wolfgang ganz sinnig:
„Dat drüppt sik goot, du hest dat doch uck nich daan, du büst doch wiet von'n Stamm fulln. Ik heff dien Üllern beide goot kennt. Dien Mudder wör sone feine Froo, de to keeneen wat Leegs sä, un dien Vadder wör so'n oprichtigen Minschen, de nie un nimmer taktlos worn wör. Züh, un dorvon hest du doch uck nix annahmen, büst'n hülsch groben Klotz worn un hest nich in dien Üllern ehr Footstappen pett."

Adele un ehr neie Auto

Froonslüüd sünd uck gode Autokutschers un hoolt veel von ehr Auto, de Mannslüüd wüllt dat bloß mitünner nich wohr hemmen.
„Na kloor, is jo een Froo an'n Stüür", so hööort man dat von Mannslüüd faken ganz minnachtig seggen, wenn de Froo dat erst bien drütten Anloop schafft, trüchoors intoparken.
Na und! De Hauptsaak is doch, dat dat nich rummst het un ohn een littje Schrammen afgahn is.
Ja, un wenn een Froo dat nich glieks riskiern mag, een breden Maihdöscher waghalsig to öberhaln un denn all bilitten twee Superkarossen achter ehr föhrt mit düchdige Mannslüüd an't Stüür un ehr nadrievt: „De har doch langen weg ween kunnt, na ja, is jo een Froo ant Stüür!" Viellich har se? Aber se will woll op „Nummer Sicher" gahn. Een Froo hullt wat von ehr blitzblanke Fohrtüüch, dat höört bi ehr to de Familie, un se geiht dorför uck dör't Füür.
So hett dat mal Adele ut Heeßel (Heeslingen) maakt. Se het ehr Auto verteidigt as de Kluckhehn de Küken, un dat het sogor groot inne Zeitung stahn. De Schandarms, de dit Mallör nachher mild't wör, de hebbt de Hannen baben Kopp tohopen slaan. Se hebbt Adele wickt un warnt, so'n Hanteiern bloß nich nochmal to maken, denn de Räubers harn ehr jo dootscheten kunnt.

Ja, so also har sik allns todragen:
De beiden, Adele un Hans-Georg, wörn all langen miteenanner verheirat, harn all bald Silberhochtiet. Se harn sik een litt Huus boot, un jümehr Slaapkamer wör baben. An'n Dag kunnen se ehr Hofsteer von hier ut ganz öberkieken. 'S nachts wört dat hier schön ruhig, keen Autogebrumm von de Straat wör hier to hööorn.
Nu har Adele ehrn ersten depen Slaap achter sik, un von irgendeen komischt Geräusch is se opwaakt. Se lüstert, aber se kann dat gor nich so rech klook kriegen, wat dor buten togangen is, denn ehr Ehemann blangen ehr Bett slöppt den „Slaap

des Gerechten“ un snurkt bannig luut dorbi. Adele tockt ehrn Hans-Georg an`n Ärmel un flüstert ganz lies: „Waak op, dor buten is wat!“
Aber Hans-Georg brummelt bloß: „Laat mit gewährn, laat mi slapen, du hest woll dröömt!“

Nä, ik höör doch wat, dor is een Deef. Viellich is de in’n Höhnerstall?“
„Wer schall dor woll ween, meenst du, dat us eener mitten inne Nacht de Eier klaut? Du harst man güstern abend den Krimi nich mehr ankieken schullt, denn har ik nu ganz ruhig slapen kunnt!“
Dat is Adele to veel; ehr Hans-Georg is foorns woller todööst, aber Adele wuppt ut’n Bett rut, slickt sik in’n Düstern na’n Finster un pliert vörsichtig dör de Gardinen. De Mond is jüst achter een düstere Wulken vörtüüch kamen, un wat mutt se nu sehn?

Dor sünd doch wahraftig 'n poor verdächtige Gestalten bi jümehr neie Auto an'n Rümbrackeln. De Swienegels hebbt de Döör all open braken, denn een Kerl will jüst instiegen. Nu is Adele dat kloor: de wüllt wat klau'n, ehr schöne, kostbare Auto, wo se 'n poor Johr op spoort hebbt. Se öberleggt nix mehr, stanteped jumpt se man so in ehr Puschen un fielt so, wie se is, in'n Nachtrock mit ehr langen, lockigen, blonden Hoor de Treppen hulterdipulter hindaal un rut ut de Huusdöör. Ehr luure Hartklabastern maarkt se nich, de Gangsters sünd all mit ehr Auto oppe Dörpsstraat rop rullt, un de Motor brummt.
Nu neiht de Froo ganz verwagen dor man so na to, un mit utgestreckte Arms smitt se sik verdweer op de Motorhaube. Ganz driest blafft se jüm luut an:
„Rut mit jou un weg hier, dat is mien Auto!"

De Räubers bölkt trüch: „Oma, weg da!" Un denn noch luter 'n poor Wöör, de se nich verstahn kann. Dat is keen plattdüütsch un keen hochdüütsch, dat klingt so frömd un so gefährlich.
Adele liggt innen Hemdslippen oppe Motorhaube, hullt sik mit een Hand an'n Butenspiegel fast, un mit de annere Hand knüttfuust se jüm to. Dat mutt woll laten hemmen, as wenn een Engel mit'n witt Hemd un lange blonde Hoor dat Auto in'n Schutz nehmen will.
De Halunken sünd doch bannig verdutzt, un se wrangelt sik ut'n Auto rut, denn sowat mögt se wollsachs noch nie beleevt hemmen. Adele süht bloß noch, dat dree starke Kerls de Been inne Hand nehmt un utneiht.
De Schandarms hebbt Adele nich löövt, weil se so veel Moot har, nä, in'n Gegendeil, se hebbt ehr wohrschoont, dat se sowat bloß nich nochmal maken schull.

Aber Adele het bloß antert:
„Ik heff dat doch nich för Gild daan, nä, bloß för us schöne, neie Auto, dor schulln de Bambusen doch nich mit öbern Deister gahn."

De erste Rente

Eenmal inne Week mööt se Skat döschen, de veer Mannslüüd, de sik all von Ji un Jo her kennt, se hebbt all tohopen in ehr littje Dörpsschool oppe Bank un denn uck mal oppe Slüngelbank seten.
Jeden Middeweken's abends Klock acht draapt se sick inne Weertschaft. Bien Kortenspäln geiht dat recht komodig un vergnöögt to, un se maakt denn mal Halvtiet, üm dat Glas Beer ruhig un sinnig uttodrinken. De Hauptsaak is un blifft aber dat Kortenspäln.
Bloß wenn eener von jüm woller Rentner worn is, denn geiht dat hoch her. Se meent, dat de erste Rente versapen weern mutt, dat is so, un wat mutt, dat mutt.

Nu is dat mal woller so wiet, Klaus Otto het sien fiefundsüßtigsten Geburtsdag fiert, un de Breeftasch is bannig utstiert.
Nu kummt dat so, as dat kamen mutt: de Köömbuddel steiht to middeweg op'n Disch, un nu geiht dat reegrund. Se sünd bannig inne Fohrt, dinkt gorne mehr an ehr Auto, dat buten steiht un noch von sichere Hand na Huus leit weern mutt.
So geiht de beste Abend nu to End, un se langt sik ehr Mütz vonne Tuppenboort, un dat schall na Huus gahn. De Weertsmann wohrschoont jüm:
„Laat dat Auto hier stahn, ick föhr jou al eben na Huus!"
„Nä-nä", antert Klaus Otto, „wat schall denn us Mudder woll von mi dinken, ik bün doch nich duun, so'n Kerl as ik, de kann doch wat verdrägen, ik weet doch, wat ik rinkippt heff, un Null-Komma-Acht (0,8) is doch verlöövt worn."
„Denn kann ik dor nix an maken, denn mööt ji jou egen Fell to Markte drägen, in dissen Fall is dat denn de Führerschien, den ji denn wollsachs los werd," so beduurt de Weert dat.
De Veer wrangelt sik nu in den Mercedes rin, un Klaus Otto kutschiert mit jüm los. De Föhrderee geiht in'n Zick-Zack-Kurs, aber de Chausseebööm blievt heel. Dat duurt aber nix,

do öberhoolt jüm dat gröne Auto, un de Kell'n winkt jüm ton Stillhooln.
Dat het Last, dat de beiden Schandarms nich ümfallt von de Fahn'n, de jüm inne Mööt weiht. Se reist nu al mit na'n Dokter, de Blootproov is fällig. Den Führerschien von Klaus Otto nehmt de beiden Gröönjacken an sik, un de Skatbröder föhrt ganz vörnehm mit de Taxe na Huus.

Den annern Dag is dat denn Dörpssnack un geiht reegrund von Huus to Huus. O, wat för'n Blamage! Klaus Otto blifft dor aber ganz ruhig bi:
„Dat kann nich angahn, ick weet doch, wat ik drunken heff!"
Den annern Dag kummt de een von de beiden Schandarms un bringt den kostbaren Lappen woller, entschuldigt sik un seggt ganz verdraten:
„Es hat nicht ganz gereicht für die Einziehung der Fahrerlaubnis, Sie hatten nur den Promille-Gehalt von Null-Komma-Sieben (0,7)."
„Dat weet ik doch", seggt Klaus Otto un pett mit'n Foot op.
„Das konnten Sie doch gar nicht wissen, das hat doch erst das Blutbild ergeben", verteidigt de Polizist sien Menen.
„Nä-nä, dat wüss ik gewiss: 0,7, dat het doch ünnern Köömbuddel stahn."

De Sehnswürdigkeiten op'n Dörpen

Oma Meta is so richdig op ehr beste; de herrliche Sommerdag mit warmen Sünnenschien un dat de Vagels dorto dat beste Konzert maakt, dat haagt ehr.
Een gansen litten Ogenblick het se sik op de Goornbank verpuußt, aber denn puddelt se all woller twüschen de Blomen rüm. Se is binah neengzig Johr oolt, aber dat Arbeiden kann se nich laten, se mutt jümmer wat ümme Hand hemmen, stillsitten is nix för ehr. Ehr Huus un Hoff, dat is ehr ganse Wilt, ehr littje Königriek. Hier föhlt se sik geborgen un is ganz un gor tofreer.

Nu kaamt dor miteens 'n poor Spaziergängers anpetten, de sünd ehr frömd, de kaamt wollsachs wieter her un hebbt ehr Auto stahn laten, so is Oma Meta dat vermoot.

Ja, richdig, dat is'n Ehepoor, un de beiden müchen von ehr weten, ob se hier woll all langen wohnt un sik utkennt.

„O ja", antert Oma un maakt ehrn Puckel liek, „mien ganse tietlebens bün ik hier ween, bün in dit ole Huus geboorn un müch hier uck eenstmals dootblieben."
„Ja, dann kennen Sie sich in dieser Gegend aus und können uns sagen, ob es hier Besonderheiten und Sehenswürdigkeiten gibt."
„Gewiss gifft de dat hier", freit Oma sik, „pett man mal eben 'n poor Treer nachtern Huus, dor löppt us bunte Hahn, dat is de schönste Hahn in't ganse Dörp, den bekiekt jou man mal."
„Nein, wir haben eigentlich an größere Dinge gedacht."
„Dor weet ik uck wat. Bi usen Naber het vör'n poor Daag de Tööt fohlt un dat Fohl'n is all so grall un maakt de dullsten Exküsen. Dat is ut een Hannoveraner Tucht un is dat Bekieken wert."
„Ja, sicher, aber das meinen wir auch nicht. Ist hier vielleicht ein schönes, altes Kirchlein?"

„He watt, een Karken bruukt wi hier nich. Wenn een junget Poor ehr Plünnen tohopen smeten het un sik von'n Pastor troo'n laten will, denn ward dat oppe Deel fiert. Un wenn eener dootbleben is, dennso is de Trooerfier uck oppe Deel. Bloß wenn een litt Kind döfft ward, denn reckt meistens de beste Dönz ut."

„Ja, aber dort in der Ferne sieht man doch einen Kirchturm. Steht der wohl im Nachbardorf?"
„Ja, dat is woll der Toorn vonne Wilster Karken, dat will de woll ween, us Lüüd in'n Huus seggt dat. Aber behaupten kann ik dat nich, ik bün dor noch nich ween."

Un denn hult Oma Meta sik nich wieter mit jüm op, se schirrwarkt mit ehr fliedigen Hannen wieter in ehr littje Paradies.

Dat is een Fragveel!

Emma un Michel von'n Steershoff sünd nu opmal Oma un Opa worn. Dat kummt jüm uck wat unverhofft, denn se sünd noch bannig jung dorför, sünd alle beide jüst eben veertig. Jümehr eenzige Dochder Silke, jüst achteihn Johr oolt, het jüm to Grootüllern maakt.
Is jo allns goot un schön, is all soleev so ween: Jugend kennt keen Tugend. Aber dat dat Kind keen Vadder het, dat piesackt jüm.
Aber dat is nu so, as dat is, dat Kind is gesund oppe Wilt kamen un is dat beste Enkelkind, wat se sik vörstelln künnt. De neie Oma pliert so faken ninne Wegen, dat uck de junge Mudder marken kann, wo düchdig se sik dorto freit.
Den Jungen wüllt se Michael nömen, denn heet he jüstso as de neie Opa. Wie dat nu utsüht, is he de tokünftige Buur op'n Steershoff un driggt den Familiennamen wieter.

Aber nu kummt dat Problem: de Jung mutt op'n Standesamt anmild't weern. Wer schall dat doon? De Mudder sitt noch in'n Bett, un de Vadder? Nä, den gifft dat jo nich.
„Michel, dor muss du hin, dat kummt di to as Opa. Du kennst doch den Standesbeamten goot, geihst mit em faken op Jagd", so sleit Emma dat vör.
„Nä, wat de mi denn allns fragt, un ik weet denn von nix wat af, ik mag dor nich mit tohoop", so strüüvt Michel sik un will sik dor rutdreihn.
Oma schrifft em aber al de Daten nipp un nau op'n Zeddel, un denn smitt Opa sik doch inne Böst, nimmt sien Hot vonne Tuppenbort, stülpt sik den öber un geiht na'n Amt.
Aber wat kummt he nu toschick! Dor sitt doch wahraftig achtern Schrievdisch een ganz jungen, frömmen Kerl, dor har Opa jo nich mit reekt. He ward nu wies, dat sien Jagdfründ Kurt Urlaub maakt, un nu is disse junge Mann so langen op den Stohl sett worn. Michel is nu bös inne Bedrullje, dreiht sein'n Hot

inne Hand jümmer rundüm un weet nich, wie he dat anbringen schall.
„Ich möchte die Geburt eines Jungen anmelden", so fangt he dat ganz behütjert an.

De Beamte is de Meenen, dat he den Vadder von dat Kind vör sik sitten het, hult em de Hand hin un gralleert em. Un denn haalt he een Schrievbogen vörtüüch un fragt em allns, wat so daalschreben weern mutt, un dat leest Michel so in Eenzen von sien Zeddel af. As nu aber de Frag kummt: „Name des Vaters?“, do seggt Michel doch ganz benaut: „Dat segg ik nich na!“
„Na, Sie müssen mir schon Ihren eigenen Namen nennen“, lacht de Schriever em to.
„Nä, ik heff dor nix mit to doon, ik bün de Grootvadder von den litten Michael. Den Nam von den Vadder, den geevt wi nich pries.“
„Wollen Sie den nicht nennen, oder wissen Sie nicht, wer der Vater ist?“
„Ja, ik weet dat woll, aber ik segg nix, dat het mien Dochder em swoorn, dat wi swiegt.“
„Dann ist das Kind also unehelich“, so will de Beamte dat nu daalschrieben.
„Hult stopp, dat gilt bloß halv. Mien Dochder, de is ledig un los, aber de Vadder von den Litten, de is verheirat. Schrievt se man: ‚halbehelich’, denn stimmt dat.“
De Standesbeamte het sowat noch nie höört un beleevt un seggt, dat he dorto noch sien Kollegen fragen will, wenn de ut’n Urlaub kummt.
De Opa springt nu von’n Stohl op, freit sik, dat he dat so goot beschickt het un will „Tschüss“ seggen, do hult de Schriever em trüch un seggt:
„Eine kurze Frage hätte ich noch: Welcher Konfession gehört Ihre Tochter an?“
Dat is een Fragveel, dinkt de Opa, dat is em schier to dull:
„Kaamt se mi nich mit sowat. Mit Konfession het hier keeneen wat to kriegen, Konfessionen lat wi in us littje Dörp gorne to, wi sünd hier al evangelisch oder katholisch!“

Een Woort achteran

As ik in dat Johr neengteihnhunnertfiefundörtig op disse Wilt kööm, do wör Fried un Freer in'n Land, aber all veer Johr later füng de gräsige slimme Krieg an. Ik kann mi noch genau dorop besinnen, wie dat losgüng. Dat müss 's abends buten stickendüster ween. Keen Lichtschien dröff dör de Rollos schimmern, denn de feindlichen Flegers schullen keen Dörp oder Stadt von baben sehn. Wer denn 's abends noch na buten güng, de müss sik'n Leuchtplaketten anne Jack steken, dat he nich mit annerseen tohopen rennen dä.

In mien ersten veer Johr von mien Schooltiet m ü s s e n wi us 's mornens hinstelln un ganz zackig den rechten Arm halvhoch böörn un „Heil ....“ schreen, so füng jeden Dag de School an. Wer dat nich goot genoog möök, de kunn bestraft weern.
Aber denn in'n April neengteihnhunnertfiefunveertig, do d r ö f f e n wi von een Dag op'n annern dissen Gruß nich mehr seggen, wat ik mit mien teihn Johr kuum begriepen kunn. Von do an heet dat ganz fründlich: Guten Morgen, Herr Lehrer“, un denn süngen wi eenen Gesangvers un snacken een Gebet.

In mien Kinnertiet geev dat uck all den „Weltspartag“, dat wör de letzte Alldag in'n Oktober. Gröschen bi Gröschen har ik ninne Spoordoos steken, un in mien Spoorbook wör an'n twintigsten Juni neengteihnhunnertachtunveertig, as ik dörteihn Johr oolt wör, masse Gild daalschreben:
Dreehunnertsöbenunnengzig (397) Reichsmark un achtunföfftig (58) Pennig.
Aber den annern Dag wör dat ganse Gild bloß noch twölf (12)

Düütsche Mark un sömbtig (70) Pennig wert. För dit Gild kunn ik mi nu viellich dree Schörten köpen oder veer Poor witte Söcken. Een Poor Schoh köst damals fiefuntwintig (25) bit fiefundörtig (35) Mark. Op een eenfacht Fohrrad müss man langen spoorn, denn dat köst to de Tiet so bi hunnertsüsstig (160) Mark.
De Deerns un Jungs, de denn Gild verdenen kunnen un bien Buurn oder in'n Huushalt arbeiden müssen, de frein sik, wenn se jeden Dag satt to eten un een Dack öbern Kopp harn. Meisttiets wör dat bloß'n kole Kamer, de se sik noch mit annerseen deilen müssen. De Lohn in een Maand wör twüschen föffteihn (15) un dörtig (30) Mark. Alle veerteihn Daag harn se een freien Sünndagnamiddag, so'n richtig langen Urlaub kenn nüms. Dat güng damals bloß üm dat Öberleben.

De Kriegsgeneration het lehrt to spoorn un to bewohrn un is mit wenig utkamen. Disse Lüüd künnt stoppen un neihn, künnt Handschen un Strümp knütten, künnt Botterkoken backen, künnt Arfen un Bohnen un Kartuffeln planten. Bloß een Deil künnt se nich, se künnt nix wegsmieten - jeden Bindfaden, jeden Fetzen Tüüch, jeden Gummiband, jeden Knoop, un wat nich noch allns, bewohrt se op. Se bruukt dorüm 'n grode Rumpelkamer. Se sünd so, as se sünd, dat gediegene bunte Leben het jüm in masse Johrn so trechbogen.
Aber föfftig Johr na den Ümswung mit dat Gild, as ut de Reichsmark de Düütsche Mark worn wör, het een jungen Staatsbeamten dissen Johrgang mal fragt, ob dor woll een bi wör, de studeert har. Do leten se al den Kopp hangen, nüms kunn sik milln. Dat schien so, as wenn dat damals al sone Kinner ween wörn, de nix op'n Kasten un innen Kopp harn. Wat kunn he jüm woll so een topuuln? Wüss he nix von de düütsche Geschichte oder bär he bloß so?
Gern harn se dissen Kerl woll toropen mücht, dat jümehr Generation veel entbehrt un hart un swoor arbeiden un topacken müsst har un in vele Johrn wat opboon kunn, dat dorbi hulpen har, dat h e lehrn un studeern un goot leben dröff.

De olen Lüüd, de vondaag Altersrente kriegt, sünd dör masse gode un slechte Johrn gahn un sünd von disse Tieten prägt un formt worn. Se hebbt sik dat mühsam verdeent, wenn jüm dat nu opt Üller goot geiht.

Wat de Wöör bedüüt

A
Äbä = Storch
afpetten = abschreiten
afrieten = abquälen
afwas = abseits
Allmannsfründ = Jedermannsfreund
anblaarn = anweinen
anpetten= daher gehen
antogeben = anzufangen
anwecken = anrufen
anworn = dran gewöhnt

B
baben = oben
Backsbeern = Habseligkeiten
bärt = tut so
Ballastschüffeln = große Kornschaufeln
ballstürig = stur
bannig = sehr
batzt = schlägt
Bedrullje = Not, Enge
begöschen = beruhigen
behüllern = klugen
behütjert = sorgfältig, behutsam
beleevt = erlebt
beschickt = erledigt, Arbeit fertig
beschuppt = passiert, erwischt
besnüffeln = beriechen
Bessenkamer = Besenkammer
bipuuln = sticheln
bitiets = beizeiten
bito = daneben
blangen = neben
blangenbi = nebenbei
Blangendöör = Seitentür
blaarn = weinen
Blatt = Zeitung
bodd geben = aufgeben
bölkt = schreien
böörn = heben
Boort = Mundwerk, Kinn
Brass = Aufregung
bröddig = brütend heiß
büterste = äußerste
bungelt = baumelt
buten = draußen
Butenspiegel = Außenspiegel

C

D
Deef = Dieb
deent = gedient, gearbeitet
Deerter = Tiere
Diek = Teich
Dönz = Stube
döschen = dreschen, scherzhaft für Kartenspielen
drebelt = langsam, schwerfällig gehen
dreept = treffen
Drömelack = langweiliger Mensch
duun = betrunken
Dusel = Glück
dwadelt = langsam, ohne Ziel gehen

E
Eendoont = Einerlei
Eenzen = in einem Zuge
Ewen = weibliche Kaninchen

F
faken = oft
flöökt = flucht
Flünken = Flügel
foorns = sofort
Freer = Frieden
Fuhrnbööm = Kiefern

G
gau= schnell
Gedööns = Zeugs
gewährn = zufrieden, in Ruhe
gleihnige = glühende
gluupt = guckt auffällig
Gnitten = Mücken

Goornporten = Gartenpforte
Grappen = sonderbare Ideen
Güntsiet = gegenüberliegende Seite

H
haagt = behagt, freut, gefällt
Hanteiern = Tun, Tat
Harstdag = Herbsttag
Hartklabastern = Herzklopfen
Hemdslippen = kurzes Hemd
hinjippen = hinsehen
hinstrükeln = hinstraucheln
hochböörn = hochheben
högen, höögt = freuen, freut
hööpt = hofft
Höker = Kaufmann
Hüll = Hölle
hülsch = sehr, mächtigen
Hüßelhuus = Häuslingshaus
hulterdipulter = schnell ohne Hinsehen
Hunnensaat = Gemeinheiten, Unwahrheiten
Huulbessen = Staubsauger

I
Iel = Eile

J
jechens = irgendwie
juckelt = scherzhaft für fahren
jümehr = ihre
jumpt = schlüpft

K
Kaih = Kühe
Karkhoff = Friedhof
Karkspill = Kirchspiel
Kasbeerboom = Kirschbaum
Keeneen = niemand, keinen
kiffelt = keift, Hund bellt
klistern = lecker, mag manches nicht essen
klönen = reden
Kluten = Klumpen
knäterrote = knallrote
knäterswart = tiefschwarz
Knieptangen = Kneifzange
Knipp = Geldbörse
knütt, knütten = strickt, stricken
knüttfuust = droht mit geballter Faust
köhlig = kühl
Köömbuddel = Schnapsflasche
komodig = gemütlich
kopplastig = müde, berauscht
Koppwehdaag = Kopfschmerzen
Kraihnnester = Krähennester
Kusen = Backenzahn

L
Lamenteern = Lärmen
lat = spät
laten = hat ausgesehen
later = später
lege = schlimme
lett so = sieht so aus
Liefpien = Leibschmerzen
liekeveel = einerlei
löövt = gelobt
lücht = lügt
lüstert = lauscht
luunt = mault, spricht nicht
Luur = Lauer
luurn = warten

M
Maand = Monat
Maihdöscher = Mähdrescher
middeweg = in der Mitte
Miegwater = Tränen
miemelt = redet für sich
milln = melden
minnachtig = herablassend
Mööt, inne = entgegen
muult = spricht nicht

N
Nachtrock = Nachthemd
nadrievt = antreiben
narms = nirgends
narsch = närrisch
natoschünnen = zuzureden

neengzig = neunzig
neerig = geizig
Neerigen = Geizigen
Neets = Neuigkeit, Neues
negen = neun
neiht = läuft, näht
neischierig = neugierig
Neischierigkeit = Neugierde
nernen = unten
niev = genau
nixig = gering
nödigt = eingeladen
nöömt = nennen
nüms = niemand

O
obschoons = obwohl
opgesmeerte = belegte
ophuukt = angeheitert, aufgebürdet
op'n hangen Hoor = beinahe

P
peit = stolz, gerade
Pennenschieter = Geizkragen
pett = geht, tritt
piesacken = quälen
Pillendreiher = Apotheker
pingeln = klingeln
pliert = blinzelt
Plünnen, tohopen smeten = geheiratet
pucht = fordernd bitten
Puchen und Dramen = forderndes Bitten und Verlangen
Puckel = Rücken
puckert = klopft
puddelt = arbeitet so vor sich hin
püttjerich = empfindlich, kleinlich
puttöögt = kränklich

Qu
queest = quarkt, nörgelt

R
reegrund = reihum
Riep = Rauhreif
rischop = kerzengrade
Rükebusch = Blumenstrauß
Rundhultallergie = mag keinen Stil am Arbeitsgerät anfassen

S
sachte = sanft, leise
schäält = bringt viel, schafft
Schandarms = Polizisten
scheert = was geht es an
schick, op = zurecht, in Ordnung
schickt = ziemt
schitt un flüggt = kreucht und fleucht
Schörten = Schürzen
Schosterbuck = Schusterschemel
schrökelt = humpelt
schubbt = wirft über (Kleidung)
sieden = niedrigen
Sleef = Unikum, Holzlöffel, Kelle
slickt = schleicht
Slöpen = Schleife
Slüngelbank = Schlingelbank
smieten, smeten = werfen, geworfen
smusterige = schmunzelnde, liebevolle
Snackertüüch = jemanden zum Reden u. Klönen
snurkt = schnarcht
Snurken = Schnarchen
spaddeln = zappeln
stanteped = sofort
steertstraken = schlawenzeln - nach dem Mund reden
stickendüster = stockdunkel
Strükeln = Straucheln
stuckelt = schaukelt, wippt
stüürwehr = steuern, für Ordnung sorgen
suurmuulsch = maulig
suutje = langsam, gemütlich
Sweet = Schweiß
Swiemeldrank = alkoholisches Getränk
Swienegels = abwertend für angetrunkene Männer, Igel

T
tämlich = ziemlich
tehrn = zehren
Telgen = Zweig, Ast
tiert = zieht
tockt = zupft
Töög, lege = Züge schlimme
Tögel = Zügel
Tööt = Stute
tohand = beizeiten, bald
topuult = beleidigen, kränken
treckt = führt, zieht
Treer = Schritte, Tritte
trüchoors = rückwärts
tütt = zieht
Tuppenbort = Garderobenhaken aus Holz
twei = entzwei, aufgeschlagen

U
Üllernhuus = Elternhaus
ümme Hand = Beschäftigung
ümtokehrn = arbeiten, bewegen
Uhlenlock = Eulenloch
utneiht = abhauen
utrauht = ausgeruht
utstiert = aufgequollen

V
verbiestert = verirrt, verfahren
verdweer = quer
vergeterich = vergeßlich
verhökern = verkaufen
verköhlt = erkältet
vermaakt = ein Haken dabei
Vörgoorn = Vorgarten
Vörjohr = Frühling
vondaag = heute
vortüüch = hervor

W
Waarksteer = Werkstatt
Waarktüüch = Werkzeug
Waterammel = Wasereimer
weegt = gewiegt
Wicht = kleines Mädchen
Wiehrndraht = Metallfaden
wieken = weichen
wieldess = während dessen
wies = gewahr
wies, wiesen = zeigt, zeigen
wiesnäst = foppt
Wittjerquast = großer viereckiger Malerpinsel zum Weißen
wittsnabelt = blaß
Wöörwark = viele Worte, Gerede
wohrschoont = gewarnt
wokeen = wer, wen
wollsachs = wahrscheinlich, vielleicht
woneem = wo
wonehr = wann
wrangelt = umständlich, beschwerlich einsteigen
Wuddeln = Wurzeln

Z
Zippelkoken = Zwiebelkuchen